DISCLAIMER

The author and publisher are providing this book and its contents on an "as is" basis and make no representations or warranties of any kind with respect to this book or its contents. The author and publisher disclaim all such representations and warranties, including but not limited to warranties of merchantability. In addition, the author and publisher do not represent or warrant that the information accessible via this book is accurate, complete, or current.

Except as specifically stated in this book, neither the author nor publisher, nor any authors, contributors, or other representatives will be liable for damages arising out of or in connection with the use of this book. This is a comprehensive limitation of liability that applies to all damages of any kind, including (without limitation) compensatory; direct, indirect, or consequential damages; loss of data, income, or profit; loss of or damage to property; and claims of third parties.

Copyright © 2022 LINGUAS CLASSICS

BESTACTIVITYBOOKS.COM

All rights reserved. No part of this book may be reproduced or used in any manner without the written permission of the copyright owner except for the use of quotations in a book review.

FIRST EDITION - Published 2022

Extra Graphic Material From: www.freepik.com
Thanks to: Alekksall, Starline, Pch.vector, Rawpixel.com, Vectorpocket, Dgim-studio, Upklyak, Macrovector, Stockgiu, Pikisuperstar & Freepik.com Designers

This Book Comes With Free Bonus Puzzles
Available Here:

BestActivityBooks.com/WSBONUS20

5 TIPS TO START!

1) HOW TO SOLVE

The Puzzles are in a Classic Format:

- Words are hidden without breaks (no spaces, dashes, ...)
- Orientation: Forward & Backward, Up & Down or in Diagonal (can be in both directions)
- Words can overlap or cross each other

2) ACTIVE LEARNING

To encourage learning actively, a space is provided next to each word to write down the translation. The **DICTIONARY** allows you to verify and expand your knowledge. You can look up and write down each translation, find the words in the Puzzle then add them to your vocabulary!

3) TAG YOUR WORDS

Have you tried using a tag system? For example, you could mark the words which have been difficult to find with a cross, the ones you loved with a star, new words with a triangle, rare words with a diamond and so on...

4) ORGANIZE YOUR LEARNING

We also offer a convenient **NOTEBOOK** at the end of this edition. Whether on vacation, travelling or at home, you can easily organize your new knowledge without needing a second notebook!

5) FINISHED?

Go to the bonus section: **MONSTER CHALLENGE** to find a free game offered at the end of this edition!

Want more fun and learning activities? It's **Fast and Simple!**
An entire Game Book Collection just **one click away!**

Find your next challenge at:

BestActivityBooks.com/MyNextWordSearch

Ready, Set... Go!

Did you know there are around 7,000 different languages in the world? Words are precious.

We love languages and have been working hard to make the highest quality books for you. Our ingredients?

A selection of indispensable learning themes, three big slices of fun, then we add a spoonful of difficult words and a pinch of rare ones. We serve them up with care and a maximum of delight so you can solve the best word games and have fun learning!

Your feedback is essential. You can be an active participant in the success of this book by leaving us a review. Tell us what you liked most in this edition!

Here is a short link which will take you to your order page.

BestBooksActivity.com/Review50

Thanks for your help and enjoy the Game!

Linguas Classics Team

1 - Food #1

猎	芫	菁	园	游	阅	术	术	戏	纫	足	球	胡	跳
艺	益	暇	戏	益	艺	阅	击	球	击	摄	纫	萝	糖
乐	猎	瓷	趣	摄	纫	盐	织	益	棒	活	猎	卜	大
织	读	果	汁	瓷	影	摄	益	能	拳	菠	菜	猎	麦
暇	法	松	跳	大	蒜	柠	檬	园	乐	肉	拼	游	法
汤	瓷	瓷	画	缝	魔	乐	园	松	钓	桂	图	草	莓
活	术	暇	园	艺	动	活	绘	远	法	工	绘	营	动
舞	远	瓷	影	球	远	击	工	舞	棒	松	球	技	拼
梨	钓	织	园	纫	舞	艺	拳	罗	法	活	钓	乐	艺
戏	营	足	读	猎	画	动	法	摄	勒	跳	魔	图	能
棒	阅	术	杏	牛	奶	拼	摄	沙	法	鱼	舞	足	远
金	能	钓	园	远	球	营	图	园	拉	棒	潜	松	动
球	枪	松	织	暇	跳	术	戏	陶	动	拳	影	洋	葱
击	园	鱼	益	营	能	利	图	狩	篮	花	生	拳	读

大麦
罗勒
胡萝卜
肉桂
大蒜
果汁
柠檬
牛奶

洋葱
花生
沙拉
菠菜
草莓
金枪鱼
芫菁

2 - Castles

技	舞	园	狩	钓	潜	放	钓	影	品	帝	营	墙	活
针	法	品	松	动	潜	品	针	球	棒	国	球	冠	剑
艺	放	击	球	技	营	工	织	松	棒	舞	击	艺	品
能	织	击	织	艺	瓷	封	潜	乐	法	画	法	陶	球
跳	图	阅	画	品	拳	建	戏	艺	乐	盾	龙	宫	鱼
营	篮	艺	暇	阅	园	高	贵	工	钓	绘	王	子	动
盔	影	跳	魔	跳	潜	放	缝	篮	法	钓	猎	朝	猎
读	甲	品	篮	松	露	远	露	活	马	能	活	舞	钓
球	绘	活	王	影	游	远	猎	骑	士	弹	足	击	露
戏	活	品	国	地	公	魔	摄	益	品	射	足	乐	利
能	拼	跳	独	牢	主	击	绘	篮	鱼	器	纫	跳	绘
品	摄	击	戏	角	戏	针	放	品	趣	跳	技	露	塔
益	图	术	篮	摄	兽	绘	放	乐	能	魔	狩	纫	狩
钓	足	动	露	远	营	画	品	益	术	图	露	棒	舞

盔甲
弹射器
地牢
王朝
帝国
封建

王国
骑士
高贵
王子
公主
独角兽

3 - Exploration

针	棒	技	纫	精	暇	跳	松	游	棒	跳	寻	球	活
跳	放	阅	针	疲	足	纫	拼	术	拼	狩	影	求	动
猎	能	拳	舞	力	地	露	活	针	利	松	球	园	摄
趣	乐	园	游	竭	形	游	钓	暇	游	陶	术	潜	园
发	现	篮	阅	拳	图	潜	鱼	活	图	拳	能	魔	击
能	游	工	语	言	放	纫	暇	利	活	术	品	新	荒
文	营	技	动	法	猎	趣	跳	瓷	法	魔	术	的	野
化	趣	戏	足	营	放	利	魔	棒	乐	乐	缝	工	远
动	物	利	活	陶	读	针	摄	织	击	益	松	空	间
乐	瓷	趣	织	术	危	狩	暇	能	园	潜	陶	跳	击
缝	图	营	陶	棒	害	瓷	鱼	法	游	阅	勇	气	阅
瓷	猎	画	织	趣	篮	露	棒	钓	未	法	阅	拳	陶
拳	旅	趣	法	工	缝	危	险	的	决	知	暇	艺	钓
舞	动	行	戏	露	猎	魔	画	术	心	跳	钓	狩	利

活动
动物
勇气
文化
决心
发现
精疲力竭
危害
语言

新的
危险的
寻求
空间
地形
旅行
未知
荒野

4 - Measurements

摄	击	阅	陶	趣	阅	高	宽	艺	活	舞	厘	魔	鱼
读	图	画	园	品	舞	公	度	绘	营	米	能	足
能	技	乐	潜	钓	钓	里	球	影	图	织	工	远	潜
艺	艺	法	影	术	升	戏	品	钓	活	陶	拼	图	拼
画	工	益	针	球	球	暇	放	脱	钓	英	寸	工	棒
吨	公	斤	织	趣	暇	球	陶	影	纫	十	进	制	松
影	狩	长	度	画	艺	活	拼	摄	图	缝	影	足	松
艺	拳	远	趣	陶	织	艺	缝	卷	画	乐	字	节	画
松	分	钟	动	游	营	拳	狩	狩	工	猎	游	深	棒
质	营	戏	潜	潜	益	缝	园	舞	阅	克	艺	度	棒
量	狩	读	魔	远	技	纫	乐	盎	司	织	活	舞	击
缝	纫	工	读	摄	乐	园	利	织	拳	暇	游	术	露
趣	瓷	动	足	暇	足	球	益	术	趣	绘	画	乐	绘
绘	魔	篮	鱼	拼	瓷	暇	跳	能	重	量	图	跳	拼

字节
厘米
十进制
深度
高度
英寸
公斤
公里

长度
质量
分钟
盎司
品脱
重量
宽度

5 - Farm #2

潜	绘	拖	图	摄	松	美	洲	驼	陶	图	钓	舞	利
活	篮	拉	鱼	读	陶	游	篮	营	纫	画	园	绘	篮
趣	陶	机	草	球	缝	游	益	牛	舞	球	针	放	法
瓷	暇	狩	甸	阅	猎	足	缝	奶	品	影	法	露	暇
远	鸭	球	阅	露	乐	松	法	能	动	针	水	果	影
羊	露	魔	能	戏	羊	风	车	益	缝	潜	暇	画	品
阅	影	摄	棒	舞	图	肉	牧	羊	人	织	松	果	园
艺	拳	利	谷	摄	摄	摄	棒	绘	猎	画	艺	球	棒
魔	拼	术	远	仓	跳	法	露	狩	狩	影	露	暇	远
乐	戏	工	艺	益	陶	营	蔬	菜	陶	棒	魔	舞	针
球	鱼	猎	棒	利	利	足	趣	戏	跳	拳	阅	画	活
艺	玉	利	利	松	农	远	足	灌	溉	小	瓷	游	拳
摄	米	利	动	食	民	鱼	艺	露	能	麦	缝	影	品
拼	术	大	麦	物	游	游	拼	织	拳	舞	图	能	动

动物
大麦
谷仓
玉米
农民
食物
水果
灌溉
羊肉

美洲驼
草甸
牛奶
果园
牧羊人
拖拉机
蔬菜
小麦
风车

6 - Books

瓷	园	潜	远	松	狩	放	棒	狩	画	读	放	游
拼	潜	棒	游	猎	乐	瓷	击	益	小	悲	钓	险
术	读	猎	戏	乐	术	暇	陶	上	说	剧	法	工
针	读	松	织	园	针	暇	拳	下	收	跳	园	艺
幽	默	棒	阅	旁	白	狩	活	文	藏	针	舞	游
动	图	文	营	针	织	露	书	潜	读	棒	绘	页
相	陶	学	乐	织	绘	击	面	绘	艺	作	针	魔
关	趣	暇	织	品	园	园	的	摄	暇	者	工	园
的	术	露	跳	露	戏	针	狩	戏	二	画	暇	歌
狩	针	瓷	摄	狩	品	足	品	舞	魔	猎	益	潜
画	影	法	舞	动	工	艺	织	术	元	发	园	法
益	棒	拼	故	陶	艺	品	暇	跳	读	性	明	露
拳	读	拳	事	艺	利	历	术	暇	活	拼	乐	动
史	诗	放	利	利	艺	史	的	跳	狩	魔	工	图
史	诗	放	钓	足	艺	击	纫	工	乐	纫	露	艺

冒险
作者
收藏
上下文
二元性
史诗
历史的
幽默
发明

文学
旁白
小说
诗歌
读者
相关的
故事
悲剧
书面的

7 - Meditation

图	影	大	益	幸	游	游	音	松	园	画	摄	织	篮
运	动	益	自	趣	福	技	乐	阅	棒	跳	潜	品	拳
品	松	乐	动	然	魔	陶	潜	阅	接	受	影	利	感
透	阅	鱼	乐	瓷	足	织	工	陶	沉	活	技	能	激
视	放	鱼	园	影	醒	画	益	艺	默	摄	影	同	跳
陶	绘	远	潜	球	击	利	情	松	跳	松	摄	情	拳
跳	松	拼	纫	心	理	绘	绪	暇	钓	松	习	陶	击
足	陶	益	法	远	利	拳	拼	技	工	潜	钓	惯	影
阅	戏	瓷	益	暇	善	明	晰	读	园	技	露	鱼	缝
和	营	绘	篮	放	良	棒	拼	足	能	陶	工	跳	鱼
平	静	洞	画	狩	趣	潜	技	魔	拳	织	击	拳	艺
拳	观	察	魔	益	露	读	动	松	艺	戏	技	乐	织
缝	察	力	呼	吸	暇	跳	缝	品	松	艺	工	暇	魔
露	法	营	能	读	暇	园	瓷	缝	技	瓷	利	击	钓

接受
呼吸
平静
明晰
同情
情绪
感激
习惯
幸福
洞察力

善良
心理
运动
音乐
大自然
观察
和平
透视
沉默

8 - Days and Months

七	乐	活	绘	能	园	技	篮	织	画	戏	放	品	缝
月	趣	影	能	松	击	十	一	月	松	狩	画	魔	摄
篮	钓	营	舞	针	术	品	游	暇	工	乐	松	舞	跳
跳	读	一	绘	织	益	法	纫	十	鱼	棒	游	利	击
三	月	月	狩	益	图	钓	暇	月	松	工	利	影	影
鱼	乐	织	影	猎	动	鱼	露	品	棒	利	趣	摄	鱼
舞	球	日	历	艺	潜	缝	拼	足	缝	缝	暇	暇	读
画	鱼	乐	能	乐	缝	画	画	暇	篮	潜	技	工	缝
潜	技	瓷	法	绘	读	周	星	日	能	星	针	活	活
画	乐	工	九	乐	篮	游	期	期	针	技	击	期	瓷
星	期	二	月	拼	织	潜	三	利	五	园	鱼	乐	一
期	期	营	活	松	戏	球	园	能	活	拼	魔	图	游
四	拳	六	松	术	工	鱼	营	钓	魔	艺	乐	园	年
月	动	瓷	动	阅	八	月	针	园	活	益	缝	戏	篮

四月　　　　　　　　　十一月
八月　　　　　　　　　十月
日历　　　　　　　　　星期六
二月　　　　　　　　　九月
星期五　　　　　　　　星期日
一月　　　　　　　　　星期四
七月　　　　　　　　　星期二
三月　　　　　　　　　星期三
星期一

9 - Chess

```
跳 纫 击 戏 缝 放 图 舞 术 工 能 点 猎 画
棒 牺 球 技 技 暇 篮 远 能 戏 技 拼 狩 游
读 缝 牲 技 球 趣 读 拼 聪 陶 对 手 跳 营
活 篮 阅 被 动 松 鱼 技 明 陶 黑 利 鱼 拳
瓷 营 影 暇 术 动 利 摄 乐 球 色 击 园 球
魔 动 棒 猎 拳 暇 瓷 读 暇 图 技 技 比 赛
棒 松 艺 时 间 陶 活 舞 益 益 利 艺 拼 挑
跳 足 露 影 园 营 针 戏 瓷 阅 活 舞 读 战
狩 针 艺 球 工 舞 乐 狩 缝 趣 击 鱼 鱼 魔
影 图 绘 棒 冠 暇 足 狩 图 露 棒 术 缝 战
拼 动 游 猎 军 阅 瓷 术 画 益 读 画 露 略
规 魔 戏 戏 舞 法 戏 利 图 营 足 营 画 能
摄 则 画 技 魔 能 狩 拼 利 鱼 露 足 绘 影
播 放 器 击 营 女 王 白 色 对 角 线 绘 陶
```

黑色
挑战
冠军
聪明
对角线
游戏
对手
被动

播放器
女王
规则
牺牲
战略
时间
比赛
白色

10 - Food #2

图	钓	影	陶	瓷	放	朝	摄	松	陶	活	能	猎	乐
针	酸	缝	园	松	趣	鲜	纫	葡	击	跳	活	动	狩
读	奶	陶	魔	鱼	小	蓟	工	萄	瓷	西	拼	击	读
影	阅	跳	术	纫	拼	麦	缝	织	拼	兰	暇	图	鸡
画	拳	击	利	陶	巧	克	力	击	营	花	活	园	品
棒	拼	舞	鱼	足	动	蛋	鱼	远	乐	潜	足	术	拼
猕	猴	桃	动	放	影	益	拳	潜	火	腿	动	魔	魔
法	香	远	缝	缝	瓷	瓷	品	艺	动	趣	拼	画	阅
米	蕉	露	番	潜	乐	织	趣	蘑	绘	工	动	暇	足
鱼	图	游	茄	苹	果	篮	拼	菇	暇	绘	瓷	奶	酪
动	戏	芹	子	趣	狩	艺	术	针	画	球	工	品	暇
拳	图	菜	舞	瓷	园	图	影	纫	暇	远	织	狩	织
动	击	瓷	魔	跳	针	图	影	樱	篮	乐	狩	球	足
棒	瓷	跳	球	读	利	击	绘	法	桃	拼	织	品	影

苹果
朝鲜蓟
香蕉
西兰花
芹菜
奶酪
樱桃
巧克力

茄子
葡萄
火腿
猕猴桃
蘑菇
番茄
小麦
酸奶

11 - Family

利	读	棒	绘	阅	艺	工	技	产	活	击	阅	暇	针
摄	狩	足	瓷	远	暇	法	狩	妇	图	陶	纫	摄	绘
针	孙	侄	女	祖	先	潜	跳	能	暇	织	表	活	纫
孩	子	子	暇	跳	园	叔	叔	乐	丈	夫	哥	技	术
钓	远	能	活	祖	母	影	技	益	营	影	游	拳	读
影	篮	钓	阅	父	亲	乐	营	击	艺	阅	艺	趣	品
姐	妻	子	织	钓	织	乐	瓷	品	露	织	父	亲	的
姐	兄	暇	乐	园	露	能	营	舞	放	工	狩	童	猎
球	女	弟	球	松	能	营	摄	缝	绘	钓	拼	拼	年
品	陶	儿	图	图	绘	狩	足	缝	击	益	舞	织	钓
潜	乐	跳	能	绘	能	舞	动	远	放	读	鱼	阅	猎
利	露	远	乐	纫	缝	技	针	舞	足	艺	法	能	利
足	猎	击	图	阿	姨	益	绘	能	益	猎	祖	母	篮
潜	猎	织	趣	技	远	击	益	技	击	篮	读	趣	缝

祖先　　　　　孙子
阿姨　　　　　丈夫
兄弟　　　　　产妇
孩子　　　　　母亲
童年　　　　　侄子
表哥　　　　　侄女
女儿　　　　　父亲的
父亲　　　　　姐姐
祖父　　　　　叔叔
祖母　　　　　妻子

12 - Farm #1

放	图	放	栅	绘	种	子	钓	山	远	露	利	品	拳
农	球	缝	栏	球	猎	法	活	羊	画	艺	阅	魔	乐
读	业	舞	术	阅	潜	驴	影	活	魔	针	瓷	艺	趣
魔	跳	远	狩	足	工	园	活	松	米	小	腿	魔	棒
放	益	利	乐	鱼	艺	舞	蜂	蜜	狗	鸡	猎	钓	营
狩	猫	动	织	术	技	鱼	读	蜂	动	棒	读	技	松
艺	利	跳	跳	乐	舞	活	猎	魔	术	舞	远	工	游
摄	潜	松	足	领	钓	读	篮	画	艺	品	能	暇	魔
棒	摄	击	马	域	术	松	露	击	戏	活	益	乌	水
野	露	魔	活	狩	技	画	暇	纫	艺	放	画	拼	鸦
读	牛	游	绘	魔	瓷	能	画	鱼	动	远	工	阅	工
纫	法	活	益	游	艺	潜	摄	画	阅	能	钓	狩	干
陶	肥	料	潜	拼	足	阅	放	拳	舞	能	图	远	草
游	拳	工	阅	放	利	阅	猎	戏	鱼	动	露	织	狩

农业　　　　　　　肥料
蜜蜂　　　　　　　领域
野牛　　　　　　　山羊
小腿　　　　　　　干草
乌鸦　　　　　　　蜂蜜
栅栏　　　　　　　种子

13 - Camping

独	木	舟	狩	月	亮	火	猎	昆	趣	森	林	舞	营
缝	乐	瓷	猎	戏	摄	益	放	篮	虫	园	阅	缝	球
露	吊	床	露	远	艺	趣	织	画	棒	动	益	纫	绘
狩	技	游	魔	击	潜	舞	趣	缝	益	乐	能	舞	益
营	舞	技	暇	魔	益	瓷	瓷	阅	露	露	益	织	篮
陶	远	动	狩	纫	画	球	放	艺	鱼	击	远	动	魔
工	瓷	影	益	织	地	图	拳	钓	猎	足	露	绘	物
篮	狩	针	游	工	舞	针	法	魔	游	画	针	利	游
动	乐	魔	园	露	树	摄	魔	冒	帐	篷	罗	盘	品
篮	击	潜	瓷	乐	木	画	暇	险	鱼	法	湖	放	游
暇	益	针	瓷	乐	乐	拳	缝	针	纫	钓	绘	拼	舞
艺	针	园	阅	营	戏	山	织	动	放	针	织	戏	动
摄	棒	舱	露	乐	鱼	放	技	跳	篮	技	摄	法	帽
术	图	瓷	缝	营	趣	大	自	然	狩	图	利	绳	子

冒险
动物
独木舟
罗盘
森林
乐趣
吊床
帽子

狩猎
昆虫
地图
月亮
大自然
绳子
帐篷
树木

14 - Conservation

```
能 放 画 瓷 织 园 品 舞 读 远 利 画 瓷 猎
远 图 图 松 戏 能 织 绿 色 跳 拳 球 阅 球
鱼 跳 图 针 园 跳 拼 技 拳 读 球 水 球 篮
陶 棒 钓 篮 远 图 球 乐 远 击 读 击 摄 画
足 艺 趣 纫 趣 猎 绘 营 潜 魔 游 活 钓 球
生 态 系 统 游 针 摄 缝 缝 能 跳 拳 钓 鱼
回 收 乐 钓 纫 戏 篮 舞 击 暇 读 乐 园 拼
戏 篮 鱼 魔 狩 动 球 阅 拼 远 针 活 足 棒
狩 减 少 拳 有 品 放 狩 猎 篮 利 志 品 利
摄 变 健 游 机 化 周 期 艺 松 绘 愿 松 游
影 化 摄 康 摄 学 品 教 拼 农 药 者 法 游
织 品 环 露 魔 品 污 染 育 画 园 松 缝 拳
动 生 境 能 活 园 击 自 鱼 篮 放 术 放 技
篮 瓷 的 棒 工 艺 棒 然 露 气 候 能 益 放
```

变化
化学品
气候
周期
生态系统
教育
环境的
绿色
生境

健康
自然
有机
农药
污染
回收
减少
志愿者

15 - Cats

戏	瓷	工	球	尾	乐	放	活	益	跳	球	动	缝	利
瓷	松	瓷	暇	巴	钓	篮	拳	戏	工	技	松	篮	陶
陶	园	针	潜	织	露	绘	篮	绘	益	松	球	读	魔
球	营	疯	技	织	舞	潜	狩	绘	影	露	阅	技
害	羞	针	狂	术	艺	游	狩	击	法	拼	图	潜	舞
针	击	好	玩	的	鱼	暇	画	远	远	纱	摄	魔	益
露	钓	奇	戏	猎	戏	阅	瓷	阅	松	能	篮	放	钓
陶	营	猎	艺	利	篮	跳	技	钓	营	乐	潜	暇	击
暇	纫	舞	游	织	舞	利	鼠	毛	利	趣	术	术	营
游	益	拳	篮	艺	戏	阅	放	艺	皮	利	品	跳	篮
拼	远	摄	纫	睡	觉	艺	拼	利	纫	放	猎	人	影
球	绘	画	针	法	有	技	图	益	法	个	性	独	立
游	远	拼	放	爪	趣	棒	园	篮	足	游	放	纫	陶
乐	动	足	荒	野	子	缝	棒	技	摄	暇	跳	织	游

疯狂的
好奇
有趣
毛皮
猎人
独立
爪子

个性
好玩的
害羞
睡觉
尾巴
荒野

16 - Numbers

猎	益	远	动	法	足	织	利	远	放	拳	跳	能	能
十	九	技	十	七	鱼	远	趣	拳	鱼	游	技	远	技
三	篮	绘	八	二	陶	三	针	活	狩	瓷	松	动	猎
放	陶	术	拳	阅	织	拳	篮	足	拼	狩	拼	画	一
八	营	棒	十	进	制	放	拳	益	游	放	棒	画	瓷
魔	陶	击	四	六	鱼	活	猎	拳	趣	跳	五	品	针
陶	二	十	放	狩	猎	拳	暇	园	远	织	拼	织	游
潜	动	画	游	益	图	魔	戏	魔	跳	击	狩	能	读
舞	篮	法	利	活	品	暇	工	潜	九	工	猎	画	织
松	益	绘	陶	针	动	技	潜	钓	益	工	法	拳	图
十	五	术	篮	球	松	潜	法	舞	游	狩	纫	营	趣
戏	松	术	动	针	术	术	舞	读	能	击	瓷	法	远
动	放	潜	魔	猎	棒	营	暇	六	乐	跳	陶	足	猎
动	鱼	暇	营	读	活	缝	放	营	工	跳	潜	游	趣

十进制　　　　　　　　　　十七
十八　　　　　　　　　　　十六
十五　　　　　　　　　　　十三
十四　　　　　　　　　　　十二
十九　　　　　　　　　　　二十

17 - Spices

```
影 瓷 胡 读 击 瓷 藏 咖 喱 工 瓷 活 织 针
乐 潜 松 芦 击 画 远 红 狩 图 画 钓 利 苦
阅 能 术 陶 巴 肉 桂 术 花 益 乐 暇 舞 读
绘 画 乐 纫 乐 击 品 法 技 舞 魔 阅 绘 园
洋 葱 击 跳 摄 技 露 猎 游 瓷 乐 绘 球 鱼
能 棒 鱼 阅 织 大 法 盐 游 读 陶 利 艺 艺
姜 拳 狩 跳 品 蒜 辣 椒 粉 读 活 球 潜 园
画 瓷 拼 技 缝 针 纫 针 益 拳 陶 球 狩 工
肉 戏 戏 瓷 读 潜 针 技 舞 绘 露 益 术 图
跳 豆 蔻 瓷 香 狩 影 乐 球 拳 味 游 松 画
孜 然 蔻 甘 草 术 图 营 针 游 道 趣 织 露
鱼 摄 钓 球 术 乐 戏 篮 绘 织 足 画 影 猎
球 松 乐 丁 远 露 远 针 活 利 能 魔 阅 钓
露 球 茴 香 菜 潜 画 甜 蜜 的 画 营 活 跳
```

豆蔻
肉桂
丁香
香菜
孜然
咖喱
茴香
胡芦巴
味道

大蒜
甘草
肉豆蔻
洋葱
辣椒粉
藏红花
甜蜜的
香草

18 - Mammals

郊	篮	纫	益	魔	影	影	织	乐	读	乐	远	游	羊
长	狼	能	乐	乐	狐	海	足	技	针	读	放	舞	暇
颈	钓	狩	狮	子	艺	狸	摄	拼	棒	拳	艺	球	松
鹿	陶	舞	图	趣	动	陶	术	动	缝	熊	摄	松	园
篮	远	棒	狗	猎	拳	益	术	球	乐	拳	纫	益	画
露	狩	活	篮	摄	拼	画	阅	绘	跳	乐	拳	潜	园
放	画	阅	击	乐	读	篮	针	纫	阅	戏	篮	魔	戏
活	艺	狼	工	利	鱼	营	潜	读	能	陶	跳	球	舞
摄	猎	艺	鱼	益	击	袋	鼠	瓷	猫	工	远	篮	击
跳	阅	趣	影	绘	斑	鲸	园	趣	拼	猴	海	豚	艺
游	阅	利	露	钓	马	图	球	远	活	兔	子	阅	影
缝	阅	魔	远	露	拼	针	大	猩	猩	马	能	拳	猎
品	拼	钓	艺	舞	绘	利	象	狩	品	绘	针	魔	松
篮	棒	潜	瓷	公	牛	动	放	营	松	瓷	影	园	跳

海狸 大猩猩
公牛 袋鼠
郊狼 狮子
海豚 猴子
大象 兔子
狐狸 斑马
长颈鹿

19 - Fishing

鱼	魔	露	图	艺	利	猎	球	魔	针	品	织	能	放
园	鱼	摄	球	织	缝	船	潜	拳	工	图	拳	水	鱼
园	放	读	篮	颚	读	拳	品	缝	诱	饵	戏	露	活
海	洋	图	缝	设	篮	夸	张	潜	动	针	潜	海	滩
营	松	乐	品	备	针	子	湖	动	棒	读	阅	放	影
季	拼	戏	重	量	猎	足	放	球	瓷	乐	品	摄	读
舞	节	园	营	鳍	针	游	钩	鱼	棒	工	织	放	绘
击	露	球	园	营	能	读	能	跳	活	舞	绘	瓷	潜
趣	趣	拳	术	棒	猎	戏	猎	足	绘	园	瓷	潜	放
趣	能	摄	游	能	瓷	园	远	益	益	技	鱼	球	园
猎	阅	活	放	拳	针	乐	影	篮	鱼	摄	足	游	摄
阅	狩	潜	击	术	潜	舞	足	益	篮	河	图	潜	鳃
图	远	舞	法	露	耐	心	趣	暇	击	活	乐	绘	画
艺	法	工	动	球	足	图	暇	能	读	影	营	益	术

诱饵　　　　　海洋
篮子　　　　　耐心
海滩　　　　　季节
设备　　　　　重量
夸张

20 - Restaurant #1

针	过	敏	潜	食	读	画	甜	技	狩	工	益	拼	鱼
益	园	活	动	物	肉	游	点	术	面	包	陶	放	拳
舞	趣	艺	魔	拳	拼	鱼	动	潜	球	酱	趣	露	动
出	纫	读	拳	碗	厨	房	足	魔	鸡	阅	技	益	戏
游	纳	工	足	远	暇	游	能	鱼	松	戏	织	动	趣
阅	园	员	盘	子	织	松	球	画	足	工	魔	活	跳
利	暇	戏	陶	球	狩	猎	球	法	篮	猎	活	品	影
品	潜	品	读	艺	足	摄	活	品	活	辣	乐	棒	读
缝	游	陶	艺	放	瓷	艺	咖	啡	篮	潜	潜	松	远
利	球	绘	魔	读	餐	远	园	园	艺	读	摄	品	利
狩	趣	影	猎	远	巾	游	针	菜	单	动	乐	摄	趣
益	松	趣	棒	活	图	品	活	利	猎	刀	放	针	动
女	服	务	员	魔	针	图	远	画	摄	露	拼	篮	放
猎	织	绘	绘	拼	阅	园	园	松	保	留	园	球	营

过敏　　　　　　　　厨房
面包　　　　　　　　菜单
出纳员　　　　　　　餐巾
咖啡　　　　　　　　盘子
甜点　　　　　　　　保留
食物　　　　　　　　女服务员

21 - Bees

```
能 织 戏 影 远 游 陶 阅 昆 虫 益 松 食 鱼
陶 艺 纫 球 松 多 样 性 魔 戏 能 植 物 园
击 乐 舞 水 阅 游 纫 猎 露 能 蜂 传 狩 营
钓 魔 烟 果 园 开 术 拼 陶 园 蜜 暇 粉 鱼
技 暇 游 纫 远 花 球 舞 拳 技 狩 法 趣 者
魔 钓 图 舞 鱼 摄 远 魔 术 动 术 营 阅 群
生 活 蜂 画 技 太 篮 钓 花 园 拼 舞 缝 摄
暇 态 巢 暇 有 阳 蜡 足 利 狩 狩 影 花 粉
益 舞 系 织 益 能 益 读 戏 影 趣 益 暇 击
潜 猎 缝 统 的 影 舞 陶 园 远 猎 动 影 图
生 远 能 球 读 舞 能 技 舞 击 棒 针 纫 猎
舞 境 游 游 戏 舞 游 缝 跳 钓 缝 舞 图 术
艺 园 露 动 钓 利 影 松 法 画 女 王 技 绘
利 缝 摄 戏 活 陶 篮 潜 钓 潜 技 动 动 品
```

有益的　　　　　　　　蜂巢
开花　　　　　　　　　蜂蜜
多样性　　　　　　　　昆虫
生态系统　　　　　　　植物
食物　　　　　　　　　花粉
水果　　　　　　　　　传粉者
花园　　　　　　　　　女王
生境　　　　　　　　　太阳

22 - Sports

球	曲	魔	利	狩	园	球	园	运	动	乐	乐	松	活
能	棍	鱼	益	暇	工	露	戏	动	动	远	缝	摄	绘
棒	球	教	练	戏	图	冠	球	狩	球	员	高	营	团
优	工	乐	品	击	戏	营	军	益	篮	远	尔	针	队
胜	篮	图	益	品	乐	跳	缝	活	球	术	夫	织	棒
者	工	活	游	猎	松	篮	猎	园	击	工	球	图	猎
法	猎	击	戏	暇	活	体	育	场	摄	露	绘	品	活
艺	拼	瓷	摄	球	乐	拳	足	魔	图	露	棒	动	篮
工	钓	利	露	自	棒	松	针	舞	松	法	品	动	跳
艺	跳	跳	击	行	园	园	术	潜	足	游	品	活	松
足	影	影	潜	车	足	乐	足	体	动	狩	松	跳	活
裁	判	拼	利	绘	体	篮	球	摄	操	播	益	术	益
纫	品	园	阅	网	育	放	摄	品	拳	放	缝	击	鱼
动	工	利	能	球	馆	影	松	跳	法	器	图	艺	松

运动员　　　　　　　体操
棒球　　　　　　　　曲棍球
篮球　　　　　　　　运动
自行车　　　　　　　播放器
冠军　　　　　　　　裁判
教练　　　　　　　　体育场
游戏　　　　　　　　团队
高尔夫球　　　　　　网球
体育馆　　　　　　　优胜者

23 - Weather

温	度	活	大	游	棒	绘	画	击	龙	干	燥	闪	画
暇	技	缝	露	气	跳	能	放	露	卷	瓷	旱	电	冰
击	利	品	营	猎	陶	术	鱼	季	风	利	营	露	击
缝	球	读	益	击	钓	松	钓	远	影	画	狩	摄
绘	动	法	趣	阅	足	针	猎	舞	猎	戏	棒	鱼	篮
猎	乐	艺	魔	篮	影	彩	虹	阅	篮	营	乐	钓	乐
图	纫	足	雷	乐	纫	摄	图	缝	法	能	读	放	足
图	魔	微	声	猎	图	远	云	雾	工	营	击	工	技
工	跳	气	风	瓷	趣	放	棒	乐	击	球	益	陶	趣
趣	露	候	摄	摄	图	跳	针	猎	绘	球	猎	艺	鱼
陶	远	鱼	读	暇	艺	拼	画	击	舞	热	针	阅	拳
拳	球	棒	术	纫	远	游	动	术	极	带	天	空	远
陶	读	针	棒	魔	读	戏	舞	纫	地	拳	猎	趣	绘
猎	钓	利	戏	益	陶	风	拼	飓	风	暴	技	艺	棒

大气
微风
气候
干旱
干燥
飓风
闪电
季风

极地
彩虹
天空
风暴
温度
雷声
龙卷风
热带

24 - Adventure

趣	艺	图	织	挑	趣	图	趣	潜	大	纫	技	阅	营
戏	猎	跳	安	全	战	行	程	拼	乐	自	击	趣	瓷
拼	阅	法	魔	拼	艺	游	潜	营	魔	放	然	朋	工
游	魔	陶	陶	美	陶	狩	游	暇	技	纫	营	友	摄
绘	暇	缝	跳	拳	钓	放	园	活	热	暇	阅	篮	乐
品	纫	暇	利	趣	球	戏	陶	摄	缝	情	松	园	陶
活	动	画	远	鱼	图	旅	品	戏	术	乐	篮	拳	跳
狩	陶	准	足	危	动	行	技	松	针	目	的	地	瓷
缝	纫	备	艺	险	织	球	画	缝	异	常	陶	品	棒
缝	魔	击	图	活	棒	术	拼	暇	影	能	舞	技	戏
阅	钓	影	工	喜	悦	远	机	会	影	陶	法	乐	织
活	击	艺	乐	趣	拼	球	营	瓷	潜	能	利	击	暇
勇	困	难	足	舞	品	品	游	能	新	的	鱼	摄	导
敢	潜	术	松	图	拳	拼	松	画	纫	游	术	魔	航

活动
勇敢
挑战
机会
危险
目的地
困难
热情
远足
朋友

行程
喜悦
大自然
导航
新的
准备
安全
旅行
异常

25 - Circus

远	缝	钓	影	针	陶	壮	观	众	小	糖	球	钓	乐
拳	瓷	乐	戏	趣	图	工	大	象	丑	果	戏	瓷	瓷
猎	猎	松	动	缝	跳	针	动	影	瓷	瓷	足	拼	活
杂	老	虎	气	物	舞	画	工	纫	帐	篷	游	阅	拼
技	艺	园	球	暇	园	暇	图	利	乐	杂	耍	魔	暇
演	戏	跳	音	乐	服	装	术	魔	艺	露	影	画	潜
员	动	艺	诡	益	织	纫	瓷	术	游	游	瓷	利	阅
法	棒	能	计	摄	针	击	营	师	球	织	园	魔	动
利	陶	乐	技	艺	纫	猴	魔	法	能	艺	击	画	纫
鱼	绘	鱼	拼	魔	狩	狮	子	动	舞	摄	潜	球	击
影	游	行	益	影	益	跳	击	阅	瓷	图	法	工	动
狩	跳	戏	瓷	织	鱼	游	放	击	营	影	动	跳	戏
画	法	益	陶	球	动	魔	瓷	活	猎	绘	狩	票	趣
品	游	织	工	阅	益	钓	戏	远	陶	球	读	足	读

杂技演员
动物
气球
糖果
小丑
服装
大象
杂耍
狮子
魔法

魔术师
猴子
音乐
游行
壮观
观众
帐篷
老虎
诡计

26 - Tools

```
读 乐 足 营 拼 阅 猎 织 火 术 足 猎 戏 活
潜 潜 品 画 影 远 鱼 游 炬 织 剃 营 拼 魔
潜 法 趣 跳 绘 潜 槌 技 益 剪 刀 戏 电 铲
绘 鱼 鱼 篮 趣 绘 足 游 露 戏 动 园 缆 足
画 技 轴 狩 针 远 工 拼 棒 鱼 画 拼 画 图
统 跳 读 戏 园 狩 绘 术 读 益 读 篮 趣 击
缝 治 棒 潜 益 缝 趣 跳 趣 击 技 纫 瓷 拼
图 放 者 猎 戏 图 画 足 狩 绳 乐 潜 放
订 书 机 篮 螺 织 针 影 工 梯 子 陶 针 纫
狩 足 缝 球 技 丝 松 活 猎 动 钓 棒 暇 锤
跳 图 术 工 足 工 露 足 戏 潜 益 鱼 钳 子
活 图 术 胶 品 读 动 技 放 狩 园 戏 足 击
暇 织 篮 画 水 击 车 篮 艺 读 暇 绘 钓 影
远 游 活 露 陶 魔 轮 猎 球 法 棒 艺 球 能
```

电缆
胶水
锤子
梯子
钳子
剃刀
绳子

统治者
剪刀
螺丝
订书机
火炬
车轮

27 - Restaurant #2

饮料
蛋糕
椅子
美味
晚餐
叉子
水果

午餐
面条
沙拉
香料
勺子
蔬菜
服务员

28 - Geology

```
能能画艺游利暇松术陶足棒珊织
品篮乐舞陶缝远鱼篮缝工魔瑚棒
影纫绘法层足远技鱼影击地震露
火山魔影化潜法盐暇能间魔击读
酸露跳拳石头艺利缝跳歇拳跳篮
营针乐猎缝图钓足放大泉动营钓
画击画图织纫缝松营陆戏品缝技
益能猎瓷绘艺棒露拼棒影术钓舞
技熔鱼魔高原放拳拼技乐潜摄读
钟岩石周期远猎侵蚀艺益术缝游
能乳绘英狩技水钙技鱼舞棒洞穴
品品石棒营拳晶纫钓影拳魔绘法
舞工活纫术纫猎舞放读乐纫瓷远
动拼能活益游绘营暇趣读球矿物
```

洞穴
大陆
珊瑚
水晶
周期
地震
侵蚀
化石

间歇泉
熔岩
矿物
高原
石英
钟乳石
石头
火山

29 - House

```
棒 舞 利 戏 跳 园 舞 放 戏 猎 利 拳 扫 帚
园 品 棒 乐 影 潜 戏 潜 阅 暇 术 纫 针 篮
栅 绘 法 足 法 松 术 织 钥 匙 技 灯 狩 益
松 栏 地 板 园 钓 放 能 瓷 动 益 猎 跳 影
猎 陶 球 艺 狩 图 趣 狩 利 远 摄 能 游 松
图 利 放 乐 法 暇 暇 纫 针 术 屋 厨 戏 花
松 绘 艺 摄 针 针 家 益 鱼 远 顶 房 间 园
艺 针 针 猎 利 跳 技 具 织 图 书 馆 拳 车
窗 瓷 品 织 击 击 品 阅 戏 纫 能 阅 瓷 库
户 镜 摄 乐 动 术 影 工 暇 松 拳 术 品 摄
拳 子 影 钓 拳 足 舞 远 趣 动 能 足 阅 纫
缝 画 潜 棒 品 乐 画 绘 舞 画 技 淋 益 壁
魔 缝 露 远 图 活 门 钓 活 阁 棒 浴 动 炉
足 墙 窗 帘 篮 放 篮 摄 法 露 楼 陶 读 游
```

阁楼
扫帚
窗帘
栅栏
壁炉
地板
家具
车库
花园

钥匙
厨房
图书馆
镜子
屋顶
房间
淋浴
窗户

30 - Comedy

露	放	品	狩	图	跳	利	棒	露	击	阅	法	拳	读
舞	画	松	纫	足	阅	动	猎	法	阅	戏	狩	绘	阅
绘	潜	品	艺	钓	缝	露	观	阅	小	远	缝	游	纫
富	暇	露	球	品	瓷	艺	放	众	丑	图	术	掌	狩
有	阅	瓷	技	瓷	益	趣	有	钓	针	营	园	趣	声
表	阅	足	露	缝	绘	乐	趣	园	品	图	暇	笑	鱼
现	潜	绘	法	舞	潜	模	暇	足	影	艺	影	声	能
力	能	品	电	视	聪	仿	戏	露	园	瓷	足	猎	暇
术	阅	拳	品	女	明	缝	图	术	猎	绘	能	摄	活
狩	瓷	阅	画	戏	演	员	棒	针	品	术	技	篮	图
缝	能	品	松	幽	读	员	钓	跳	纫	园	活	狩	戏
摄	狩	剧	院	默	益	戏	乐	击	露	戏	动	能	织
营	画	暇	动	舞	棒	类	舞	影	露	笑	话	松	鱼
狩	即	兴	创	作	篮	型	法	陶	趣	远	趣	松	图

演员
女演员
掌声
观众
聪明
小丑
富有表现力
乐趣
有趣

类型
幽默
即兴创作
笑话
笑声
模仿
电视
剧院

31 - Bathroom

泡沫
龙头
洗剂
镜子
香水
地毯
剪刀

洗发水
淋浴
肥皂
海绵
蒸汽
厕所
毛巾

32 - School #1

篮	能	图	午	拳	魔	能	足	足	老	师	品	活	钓
棒	拳	纫	魔	餐	活	魔	图	舞	利	数	放	答	纫
织	瓷	图	阅	露	击	拳	能	营	拳	字	法	案	益
魔	益	艺	拳	松	击	利	缝	工	放	绘	球	钓	篮
狩	园	针	活	织	图	趣	阅	瓷	狩	测	验	摄	游
缝	纫	乐	标	记	书	猎	猎	字	母	远	篮	游	狩
法	戏	趣	纸	陶	馆	术	画	球	钓	潜	铅	拳	图
读	绘	松	暇	工	摄	趣	猎	营	暇	术	阅	笔	猎
营	画	朋	图	击	品	动	猎	缝	纫	游	法	阅	乐
戏	针	棒	友	文	件	夹	陶	钓	拼	放	利	趣	动
暇	园	图	缝	放	拳	能	缝	魔	纫	课	球	数	学
动	园	术	拳	营	拳	画	棒	篮	游	堂	鱼	缝	暇
园	舞	暇	潜	鱼	跳	拳	潜	考	试	利	书	籍	椅
法	舞	拼	织	鱼	趣	能	拳	暇	动	棒	读	游	子

字母
答案
书籍
椅子
课堂
考试
文件夹
朋友
乐趣

图书馆
午餐
标记
数学
数字
铅笔
测验
老师

33 - Dance

```
远 身 体 篮 拳 钓 摄 暇 狩 跳 图 能 术 球
瓷 读 情 感 快 拳 篮 鱼 摄 球 术 活 猎 松
陶 伙 伴 利 音 乐 工 舞 暇 跳 足 绘 足 利
品 猎 绘 陶 远 放 营 舞 法 阅 影 影 拼 节
棒 动 读 法 术 利 读 瓷 陶 篮 品 术 技 奏
织 戏 姿 棒 潜 足 戏 法 魔 拳 远 跳 猎 技
富 篮 技 势 阅 古 典 运 动 缝 编 舞 学 院
有 暇 图 品 织 读 钓 品 放 趣 暇 工 影 园
表 营 针 猎 钓 暇 戏 球 跳 法 足 园 陶 品
现 拳 图 足 优 雅 阅 拳 摄 动 园 影 鱼 活
力 利 陶 钓 瓷 工 远 术 品 球 跳 棒 术 潜
摄 益 法 缝 影 拳 远 能 狩 画 文 戏 暇 视
利 篮 绘 法 摄 潜 针 舞 猎 技 化 猎 营 觉
纫 艺 术 露 跳 暇 艺 跳 击 营 纫 传 统 的
```

学院　　　　　　　快乐
艺术　　　　　　　运动
身体　　　　　　　音乐
编舞　　　　　　　伙伴
古典　　　　　　　姿势
文化　　　　　　　节奏
情感　　　　　　　传统的
富有表现力　　　　视觉的
优雅

34 - Colors

潜	钓	技	绿	米	放	画	利	趣	品	远	狩	动	绘
针	益	技	橙	色	足	黄	跳	艺	戏	织	天	拳	露
棕	灰	鱼	白	色	艺	术	色	趣	营	读	蓝	远	拳
动	色	图	球	影	鱼	潜	鱼	松	棕	褐	色	品	红
技	露	粉	读	放	技	紫	松	青	色	利	艺	陶	色
足	画	红	画	针	拼	红	跳	蓝	拼	球	拳	击	图
棒	球	色	足	篮	技	色	狩	色	足	远	趣	技	品
技	瓷	利	远	钓	放	舞	舞	织	读	读	绘	读	艺
松	魔	足	魔	鱼	图	戏	活	画	棒	球	阅	缝	球
织	益	陶	暇	游	品	放	织	动	足	拳	篮	阅	放
暇	拳	艺	黑	紫	色	狩	乐	松	露	术	潜	纫	利
艺	术	纫	色	法	法	利	法	拳	戏	放	露	趣	钓
戏	绘	利	园	暇	活	画	远	潜	绘	魔	影	读	绘
陶	活	能	摄	益	游	陶	瓷	戏	篮	篮	暇	拳	益

天蓝色
米色
黑色
蓝色
棕色
青色
紫红色
绿色
灰色

品红
橙色
粉红色
紫色
红色
棕褐色
白色
黄色

35 - Climbing

游	缝	品	远	影	猎	棒	棒	头	放	手	棒	活	陶
跳	活	利	针	鱼	钓	能	跳	盔	潜	露	套	舞	力
织	球	专	图	击	针	绘	园	足	益	跳	篮	画	量
篮	击	家	动	营	拳	高	度	读	地	形	拳	拳	拼
绘	能	技	术	利	拳	鱼	动	缝	图	洞	穴	远	棒
暇	好	奇	心	舞	画	图	利	篮	益	益	远	足	益
绘	画	球	鱼	针	暇	织	舞	艺	棒	织	露	瓷	绘
篮	露	能	瓷	露	摄	营	园	趣	挑	战	戏	益	狩
足	窄	戏	影	指	艺	法	戏	影	法	瓷	击	拳	画
益	球	暇	动	棒	南	球	益	针	陶	动	放	足	营
远	猎	读	狩	钓	篮	影	纫	营	艺	品	大	影	活
足	品	靴	子	稳	益	画	益	拳	瓷	戏	气	拼	工
瓷	动	益	放	术	定	潜	游	远	法	鱼	层	陶	舞
球	棒	艺	棒	露	足	性	放	足	松	园	益	术	绘

高度　　　　　　指南
大气层　　　　　头盔
靴子　　　　　　远足
洞穴　　　　　　地图
挑战　　　　　　稳定性
好奇心　　　　　力量
专家　　　　　　地形
手套

36 - Shapes

锥体
角落
立方体
曲线
圆筒
边缘
椭圆
双曲线

椭圆形
多边形
棱镜
金字塔
矩形
广场
三角形

37 - Scientific Disciplines

解剖学
考古学
天文学
生物化学
生物学
植物学
化学
生态学
地质学
免疫学

运动学
语言学
力学
矿物学
神经学
生理学
心理学
社会学
热力学
动物学

38 - School #2

法	缝	潜	瓷	钓	鱼	益	潜	技	钓	缝	技	读	利
跳	潜	读	阅	露	足	潜	总	远	戏	跳	纸	远	术
戏	园	足	剪	游	画	织	线	针	舞	铅	笔	远	读
绘	活	击	刀	狩	艺	狩	图	露	拼	放	远	绘	游
图	书	馆	字	典	暇	陶	品	摄	猎	游	戏	文	动
舞	籍	魔	缝	松	日	历	电	脑	狩	拳	瓷	趣	献
画	趣	活	园	橡	猎	魔	营	织	针	读	读	图	跳
影	乐	动	钓	法	皮	摄	绘	放	动	能	品	利	术
营	品	瓷	舞	放	钓	背	朋	影	利	动	阅	工	利
足	狩	纫	织	纫	动	包	狩	友	益	球	跳	益	摄
游	游	跳	老	师	纫	舞	陶	周	缝	利	钓	益	园
远	拳	鱼	阅	科	学	魔	工	末	游	品	棒	魔	技
跳	舞	读	游	舞	纫	潜	击	术	放	教	育	语
法	篮	暇	露	缝	跳	篮	球	阅	品	球	露	织	法

活动 背包 书籍 总线 日历 电脑 字典 教育 橡皮 朋友

游戏 语法 图书馆 文献 铅笔 科学 剪刀 老师 周末

39 - Science

```
放 工 影 画 篮 游 艺 球 乐 技 品 钓 工 针
钓 钓 影 纫 园 动 趣 能 工 艺 狩 拼 猎 魔
魔 技 能 鱼 鱼 乐 假 艺 放 气 乐 击 活 潜
乐 画 实 验 松 远 工 设 化 候 方 法 生 物
画 重 舞 游 利 大 自 然 学 石 露 远 技 图
篮 力 阅 棒 活 针 跳 游 的 术 乐 利 纫 潜
球 潜 魔 矿 戏 暇 摄 趣 纫 园 猎 陶 陶 缝
动 纫 织 工 物 理 陶 针 暇 活 画 园 篮 游
读 跳 松 读 瓷 潜 品 击 远 舞 画 图 击 篮
针 图 活 粒 狩 法 影 纫 舞 益 猎 缝 放 绘
拳 进 分 子 园 潜 足 实 验 室 原 拼 摄 动
放 化 利 数 据 棒 陶 舞 猎 篮 子 瓷 织 纫
钓 松 艺 事 实 品 植 潜 纫 活 舞 松 园 织
科 学 家 魔 松 猎 物 篮 狩 针 舞 趣 足 术
```

原子
化学的
气候
数据
进化
实验
事实
化石
重力
假设

实验室
方法
矿物
分子
大自然
生物
粒子
物理
植物
科学家

40 - To Fill

益	阅	绘	能	鱼	活	盆	画	棒	摄	影	托	乐	狩
棒	潜	暇	舞	针	能	地	远	魔	花	瓶	盘	管	拼
利	织	潜	篮	篮	针	益	绘	读	游	盒	子	营	暇
工	画	图	子	松	抽	屉	棒	击	猎	织	击	针	跳
足	影	远	暇	戏	织	动	猎	暇	摄	法	球	动	鱼
画	球	缝	摄	活	信	艺	园	法	艺	鱼	远	园	读
园	文	件	夹	暇	封	织	术	浴	缸	绘	桶	钓	舞
包	瓷	猎	摄	击	艺	陶	阅	棒	摄	棒	影	趣	趣
手	提	箱	魔	园	露	摄	术	拳	戏	口	术	技	织
陶	品	击	放	阅	球	活	读	击	图	袋	纫	艺	纸
跳	远	技	针	球	针	益	篮	鱼	趣	拼	趣	舞	箱
活	罐	益	术	潜	摄	篮	足	游	球	魔	缝	品	足
潜	击	摄	品	乐	击	能	狩	工	读	放	益	露	能
益	球	舞	针	暇	园	法	阅	暇	工	读	猎	放	织

盆地
篮子
瓶子
盒子
纸箱
抽屉
信封

文件夹
口袋
手提箱
托盘
浴缸
花瓶

41 - Summer

营	棒	技	益	图	织	陶	远	钓	读	星	利	戏	露
游	图	阅	跳	放	营	法	趣	鱼	游	星	技	阅	营
织	鱼	放	织	游	图	拳	书	术	暇	图	舞	潜	放
画	乐	松	纫	猎	技	食	籍	球	拼	球	家	水	活
工	鱼	狩	影	针	击	物	利	能	绘	品	利	庭	纫
露	工	击	凉	鞋	暇	针	活	纫	乐	游	回	能	篮
影	营	花	游	戏	篮	艺	绘	拳	图	图	忆	放	摄
狩	技	园	摄	舞	棒	能	旅	行	技	读	绘	动	篮
法	纫	拳	魔	魔	能	拳	纫	瓷	动	乐	艺	舞	乐
戏	拼	园	利	针	品	术	利	家	针	钓	绘	放
画	艺	潜	棒	读	技	潜	陶	鱼	潜	乐	露	瓷	读
术	假	期	趣	绘	读	拼	狩	摄	摄	跳	朋	法	音
远	陶	术	喜	悦	营	海	瓷	潜	魔	戏	拳	友	乐
瓷	猎	拼	瓷	艺	棒	滩	远	舞	绘	露	图	拼	狩

海滩 书籍 露营 潜水 家庭 食物 朋友 游戏 花园

喜悦 回忆 音乐 放松 凉鞋 星星 旅行 假期

42 - Clothes

读	远	绘	拼	活	手	套	狩	织	艺	魔	连	围	裙
暇	图	织	摄	猎	镯	跳	活	摄	动	钓	睡	衣	巾
鱼	远	阅	利	舞	趣	击	拳	拳	乐	游	外	套	裙
术	瓷	绘	利	放	衬	陶	舞	陶	阅	趣	潜	纫	瓷
影	击	钓	项	链	衫	放	帽	子	潜	乐	品	绘	品
活	猎	篮	动	篮	足	动	露	益	魔	魔	鱼	乐	画
篮	品	趣	珠	陶	纫	魔	园	画	游	法	影	缝	钓
利	舞	牛	拳	宝	远	织	阅	阅	瓷	艺	织	读	品
术	露	仔	毛	拼	钓	戏	能	潜	猎	裤	园	画
短	足	裤	衣	带	法	狩	露	凉	夹	克	子	能	益
裙	工	利	利	工	瓷	影	技	鞋	织	跳	动	法	篮
织	松	阅	球	球	时	拳	针	趣	足	缝	钓	松	纫
能	瓷	趣	影	缝	尚	瓷	拼	能	图	活	营	园	露
放	针	技	放	戏	鱼	园	露	篮	法	术	益	影	益

围裙
手镯
外套
连衣裙
时尚
手套
帽子
夹克
牛仔裤

珠宝
项链
睡衣
裤子
凉鞋
围巾
衬衫
短裙
毛衣

43 - Insects

乐 蚂 蚁 戏 大 黄 蜂 蝴 纫 能 猎 法 画 拼
图 猎 蜻 狩 拳 松 益 蝶 棒 摄 活 影 缝 放
瓷 利 蜓 能 潜 画 益 黄 蜂 读 读 潜 足 术
活 球 针 品 暇 乐 法 蜜 蜂 摄 绘 摄 缝 露
猎 园 工 园 魔 能 术 蠕 潜 法 阅 摄 拳 舞
益 纫 游 击 缝 技 图 虫 足 魔 足 露 园 鱼
利 击 织 活 鱼 艺 园 足 织 幼 瓢 拼 针 瓷
钓 棒 工 狩 足 园 园 暇 拳 甲 虫 露 纫 游
乐 放 松 瓷 阅 术 击 陶 潜 游 针 棒 魔 魔
织 益 趣 能 击 蚊 艺 螳 螂 技 能 画 篮 绘
蟑 白 蚁 潜 艺 子 跳 蚤 露 读 纫 蚜 园 足
品 螂 舞 猎 暇 蚱 猎 跳 趣 摄 图 狩 瓷 击
针 鱼 能 能 能 蛾 蜢 蝉 术 能 陶 陶 趣 针
松 跳 技 画 阅 读 篮 足 跳 击 陶 阅 园 工

蚂蚁
蜜蜂
甲虫
蝴蝶
蟑螂
蜻蜓
跳蚤
蚱蜢

大黄蜂
瓢虫
幼虫
螳螂
蚊子
白蚁
黄蜂
蠕虫

44 - Astronomy

小行星
宇航员
天文学家
星座
地球
春分
星系
流星
月亮
星云

天文台
行星
辐射
火箭
卫星
天空
太阳的
超新星
黄道带

45 - Pirates

阅	能	术	绘	艺	鱼	鹦	缝	绘	织	暇	乐	技	松
松	拼	鱼	影	影	魔	拳	鹉	活	乐	工	技	阅	暇
跳	拳	拼	活	乐	击	拳	活	黄	金	趣	拼	潜	技
技	趣	钓	纫	跳	纫	法	地	图	拼	游	击	球	拳
棒	品	针	法	画	陶	读	露	技	危	拼	露	能	棒
针	能	趣	术	松	瓷	活	鱼	冒	险	松	松	术	读
宝	藏	舞	锚	传	说	益	远	园	动	钓	舞	露	读
疤	工	织	法	益	针	画	拳	拳	潜	品	摄	猎	球
放	痕	拳	术	缝	暇	术	球	图	瓷	利	硬	画	纫
足	岛	趣	利	读	缝	益	能	纫	艺	远	币	海	旗
猎	工	影	针	园	绘	露	园	松	影	游	远	戏	图	滩
队	狩	针	鱼	读	足	工	露	活	剑	营	拳	朗	影
长	陶	球	绘	舞	罗	盘	舞	读	放	摄	松	姆	洞
益	绘	读	远	跳	船	员	坏	园	能	猎	足	酒	穴

冒险
海滩
队长
洞穴
硬币
罗盘
船员
危险

黄金
传说
地图
鹦鹉
朗姆酒
疤痕
宝藏

46 - Time

阅	球	术	舞	法	潜	十	今	舞	法	纫	拼	动	放
影	松	活	画	戏	潜	年	天	营	拼	乐	利	绘	工
以	前	益	钓	魔	猎	读	放	绘	钓	法	缝	法	潜
暇	术	乐	读	松	舞	缝	品	潜	暇	拳	动	暇	拳
瓷	活	陶	鱼	足	园	足	读	缝	周	园	织	技	纫
每	年	早	很	营	工	缝	现	舞	技	鱼	活	营	益
狩	足	晨	快	球	益	影	在	猎	工	篮	戏	暇	球
松	乐	日	法	艺	戏	益	舞	趣	放	早	营	园	鱼
篮	猎	读	动	舞	游	晚	瓷	缝	织	棒	图	趣	世
读	足	篮	图	拳	分	上	摄	能	动	潜	球	动	纪
针	影	乐	小	时	钟	篮	利	动	狩	日	中	远	足
露	陶	未	来	击	动	棒	足	篮	趣	历	品	午	图
益	棒	篮	术	利	篮	暇	法	图	艺	钓	游	月	游
活	狩	游	利	画	足	阅	松	瓷	绘	足	影	趣	狩

每年　　　　　　　分钟
以前　　　　　　　早晨
日历　　　　　　　晚上
世纪　　　　　　　中午
时钟　　　　　　　现在
十年　　　　　　　很快
未来　　　　　　　今天
小时

47 - Buildings

```
超 公 园 球 松 瓷 针 球 工 艺 针 戏 趣 乐
级 寓 游 远 潜 游 工 放 棒 瓷 陶 医 剧 纫
市 阅 纫 体 育 场 猎 图 画 瓷 暇 针 院 戏
场 缝 利 陶 钓 足 利 魔 乐 活 阅 击 跳 酒
潜 钓 暇 阅 棒 足 术 潜 篮 工 利 钓 暇 店
跳 学 击 阅 松 足 动 拼 潜 潜 术 钓 跳 瓷
塔 校 趣 术 影 工 术 猎 工 乐 读 画 球 击
拼 谷 放 影 织 电 影 帐 狩 拼 潜 能 读 艺
针 仓 实 验 室 博 缝 篷 城 术 拼 大 学 图
戏 跳 潜 狩 鱼 法 物 缝 堡 工 阅 活 使 狩
缝 鱼 活 瓷 术 织 旅 馆 猎 厂 纫 缝 拼 馆
游 露 魔 乐 跳 钓 远 狩 暇 天 文 台 益 技
游 舞 阅 技 舱 益 放 舞 趣 针 棒 露 影 瓷
画 利 潜 读 术 图 露 潜 营 潜 益 鱼 拼 狩
```

公寓
谷仓
城堡
电影
大使馆
工厂
医院
旅馆
酒店

实验室
博物馆
天文台
学校
体育场
超级市场
帐篷
剧院
大学

48 - Herbalism

芳香
罗勒
有益的
烹饪
茴香
味道
花园
大蒜
绿色
成分

薰衣草
马郁兰
薄荷
牛至
香菜
植物
迷迭香
藏红花
龙蒿

49 - Toys

```
自 法 缝 机 器 人 拳 趣 摄 针 棒 球 狩 篮
远 行 火 织 黏 土 想 园 缝 针 缝 钓 船 戏
绘 汽 车 益 动 读 象 织 暇 足 陶 露 娃 娃
篮 品 织 舞 绘 工 力 动 技 织 营 棒 画 舞
益 潜 影 风 戏 织 戏 拳 缝 魔 艺 读 绘 卡
狩 能 击 筝 纫 蜡 笔 球 远 针 园 魔 游 车
利 拳 放 球 阅 缝 足 戏 拳 击 阅 足 戏 读
足 活 工 动 瓷 品 动 营 工 鱼 益 活 读 趣
跳 游 营 艺 活 工 乐 摄 营 纫 织 鱼 阅 画
图 拳 拼 技 品 法 益 猎 书 籍 技 活 能 篮
图 艺 利 鱼 狩 艺 法 读 品 露 摄 营 舞 拳
油 技 陶 放 趣 绘 法 缝 猎 影 足 鼓 飞 瓷
漆 织 利 球 摄 远 纫 品 益 工 远 潜 舞 机
足 阅 趣 拳 法 法 最 喜 欢 的 棋 魔 陶 棒
```

飞机　　　　　　　最喜欢的
自行车　　　　　　游戏
书籍　　　　　　　想象力
汽车　　　　　　　风筝
黏土　　　　　　　油漆
工艺品　　　　　　机器人
蜡笔　　　　　　　火车
娃娃　　　　　　　卡车

50 - Vehicles

阅	拳	足	画	露	游	潜	针	乐	松	益	能	飞	露
园	击	阅	法	营	拖	足	活	利	趣	缝	直	升	机
乐	益	露	拳	营	拉	放	狩	球	品	法	活	绘	利
读	渡	魔	营	利	机	缝	阅	工	园	绘	击	鱼	足
放	轮	胎	利	跳	戏	利	球	魔	露	艺	阅	艺	潜
自	行	车	园	球	船	阅	游	能	游	园	动	放	画
潜	动	汽	活	篮	钓	筏	图	魔	暇	出	陶	针	纫
救	护	车	影	远	远	品	乐	放	影	租	魔	魔	鱼
活	足	营	瓷	术	活	术	针	大	篷	车	游	滑	趣
钓	影	品	益	品	戏	织	图	技	法	拼	影	板	阅
跳	阅	摄	狩	火	箭	陶	钓	魔	马	潜	卡	车	阅
法	鱼	园	击	拼	篮	地	技	引	达	艇	足	拼	趣
动	技	缝	总	线	摄	潜	铁	艺	擎	棒	潜	远	戏
篮	图	击	摄	猎	趣	棒	利	游	趣	松	钓	放	拳

飞机
救护车
自行车
总线
汽车
大篷车
引擎
渡轮
直升机

马达
火箭
滑板车
潜艇
地铁
出租车
轮胎
拖拉机
卡车

51 - Flowers

西	金	牡	丹	向	罂	趣	远	水	仙	花	束	艺	图
番	棒	盏	针	日	粟	郁	金	香	瓷	品	营	击	跳
莲	织	品	花	葵	兰	纫	击	钓	暇	艺	技	舞	品
技	芙	百	合	魔	花	松	瓷	拳	艺	游	钓	暇	法
绘	利	蓉	趣	瓷	绘	营	游	跳	游	品	活	陶	术
松	阅	纫	玫	瑰	画	能	鱼	营	击	工	纫	针	技
技	猎	画	篮	园	蒲	能	篮	摄	针	趣	栀	子	花
营	法	阅	益	品	舞	公	拳	绘	动	艺	读	乐	潜
利	艺	画	利	潜	利	绘	英	利	摄	舞	游	阅	图
阅	游	击	远	营	三	魔	益	工	乐	戏	术	益	营
术	活	摄	松	戏	叶	陶	舞	猎	品	松	放	益	拳
品	棒	鱼	薰	衣	草	织	远	益	读	织	魔	拼	画
阅	陶	钓	舞	能	松	能	图	潜	玉	兰	球	法	绘
纫	纫	球	花	瓣	跳	茉	莉	花	雏	菊	暇	园	法

花束
金盏花
三叶草
水仙花
雏菊
蒲公英
栀子花
芙蓉
茉莉花
薰衣草

百合
玉兰
兰花
西番莲
牡丹
花瓣
罂粟
玫瑰
向日葵
郁金香

52 - Town

```
击 动 艺 工 博 益 陶 戏 阅 营 影 织 舞 暇
球 击 银 行 物 击 法 放 画 廊 鱼 暇 放 能
魔 魔 篮 鱼 馆 远 绘 拳 击 露 远 缝 潜 棒
乐 花 商 技 读 工 营 画 能 露 大 益 棒 影
面 包 店 拼 拳 剧 院 棒 松 远 魔 学 游
阅 工 魔 乐 舞 品 松 放 陶 画 工 益 魔
动 足 艺 纫 乐 跳 球 戏 活 织 电 营 诊 所
园 摄 猎 趣 跳 趣 动 纫 魔 戏 影 放 瓷 跳
法 击 园 技 读 放 织 园 跳 品 球 绘 乐 魔
利 远 狩 利 工 露 画 棒 体 画 猎 陶 绘 益
学 校 绘 园 球 钓 游 鱼 拳 育 机 动 物 园
酒 戏 趣 棒 营 绘 鱼 超 级 市 场 潜 松 工
店 利 织 市 场 瓷 画 工 影 暇 艺 图 书 馆
术 乐 露 乐 乐 猎 球 读 品 远 篮 药 店 潜
```

机场　　　　　　　　市场
面包店　　　　　　　博物馆
银行　　　　　　　　药店
书店　　　　　　　　学校
电影　　　　　　　　体育场
诊所　　　　　　　　商店
花店　　　　　　　　超级市场
画廊　　　　　　　　剧院
酒店　　　　　　　　大学
图书馆　　　　　　　动物园

53 - Antarctica

```
绘 猎 阅 狩 图 科 活 篮 拼 地 针 图 绘 远
益 游 针 魔 摄 瓷 学 击 术 形 陶 纫 潜 击
利 拳 绘 松 瓷 篮 猎 的 动 品 趣 摄 摄 影
瓷 品 海 湾 图 图 阅 松 阅 读 影 园 瓷 绘
阅 跳 动 大 能 潜 品 读 利 放 拳 放 针 艺
画 魔 戏 法 陆 保 护 鸟 类 云 品 松 拼 术
棒 织 篮 戏 跳 猎 露 戏 钓 温 度 纫 乐 针
钓 猎 放 足 跳 品 织 能 跳 能 品 益 钓 法
艺 鱼 利 舞 针 法 益 拼 纫 阅 瓷 画 纫 缝
图 瓷 魔 艺 研 究 员 环 境 瓷 活 篮 品 松
洛 奇 拳 半 岛 屿 远 潜 园 技 移 远 图 露
冰 园 暇 露 趣 钓 地 缝 棒 活 民 狩 征 瓷
川 活 绘 摄 动 鱼 理 乐 狩 拼 艺 水 营 足
活 园 钓 影 击 暇 织 棒 针 钓 影 潜 松 利
```

鸟类
保护
大陆
海湾
环境
远征
地理
冰川

岛屿
移民
半岛
研究员
洛奇
科学的
温度
地形

54 - Ballet

能	猎	篮	戏	松	放	乐	游	技	术	编	绘	陶	动
钓	肌	品	图	富	有	表	现	力	能	舞	乐	足	读
击	肉	利	纫	棒	放	术	足	松	击	法	钓	术	趣
趣	松	拳	艺	暇	游	能	针	动	能	术	技	篮	艺
工	球	篮	远	游	松	暇	猎	读	摄	瓷	魔	画
法	纫	钓	利	猎	球	针	游	戏	活	跳	狩	暇	戏
拳	绘	拳	露	管	技	艺	强	度	读	钓	能	露	跳
读	影	术	艺	弦	狩	术	舞	风	实	践	画	猎	放
游	球	钓	音	乐	乐	的	针	格	针	动	图	能	乐
球	工	瓷	松	队	暇	绘	能	缝	法	游	缝	足	拼
放	动	图	松	动	戏	掌	棒	营	针	纫	影	钓	狩
阅	球	暇	影	缝	动	独	声	猎	钓	手	工	营	乐
作	曲	家	观	众	节	奏	舞	技	猎	摄	势	法	益
露	瓷	击	篮	鱼	织	影	者	松	拼	潜	利	拳	绘

掌声
艺术的
观众
编舞
作曲家
舞者
富有表现力
手势
强度

肌肉
音乐
管弦乐队
实践
节奏
技能
独奏
风格
技术

55 - Human Body

钓	击	露	球	嘴	摄	舞	足	露	肘	骨	脖	子	潜
肩	膀	织	营	影	棒	放	血	利	部	头	乐	膝	能
远	戏	术	术	画	营	猎	影	技	足	露	棒	动	盖
足	放	足	狩	艺	拳	颚	缝	篮	猎	艺	放	艺	松
乐	露	鼻	潜	远	松	篮	猎	图	暇	拼	脸	画	松
趣	心	棒	子	拼	戏	松	术	戏	品	拳	瓷	远	游
皮	肤	魔	影	织	技	球	拳	艺	瓷	阅	缝	针	远
乐	暇	脑	画	工	魔	远	能	陶	松	影	魔	露	工
趣	耳	乐	游	针	潜	技	魔	读	读	技	品	腿	手
针	朵	绘	松	绘	法	针	露	能	针	远	拼	游	指
戏	品	趣	影	鱼	头	钓	暇	球	陶	利	阅	游	远
术	拼	阅	击	篮	影	球	拼	利	拼	击	画	园	画
远	绘	趣	影	缝	潜	足	潜	戏	下	巴	远	舞	游
暇	鱼	球	营	动	技	魔	钓	趣	缝	踝	足	术	魔

骨头
下巴
耳朵
肘部
手指

膝盖
脖子
鼻子
肩膀
皮肤

56 - Musical Instruments

铃	鼓	摄	动	拼	吉	他	击	萨	拼	喇	叭	暇	暇
影	阅	技	球	乐	园	图	拼	克	曼	足	术	棒	瓷
暇	戏	打	击	乐	器	长	松	斯	陀	双	鱼	松	营
游	放	营	摄	摄	鱼	笛	号	管	林	簧	动	狩	放
篮	园	竖	魔	狩	绘	拼	班	卓	琴	管	锣	活	能
拳	钢	琴	露	术	动	拳	鱼	趣	阅	巴	技	舞	读
跳	击	纫	松	棒	球	利	单	簧	管	松	读	益	活
瓷	摄	棒	鱼	绘	大	松	狩	能	马	管	暇	足	针
织	益	纫	跳	球	动	提	远	魔	利	林	棒	松	动
戏	鼓	跳	松	瓷	鼓	槌	琴	法	影	织	巴	小	工
篮	摄	能	能	织	潜	松	猎	织	戏	术	足	提	术
戏	阅	绘	潜	画	击	术	营	舞	活	工	足	琴	绘
摄	营	松	趣	技	钓	动	舞	法	棒	摄	击	读	篮
游	篮	动	工	动	利	品	活	织	钓	瓷	击	乐	摄

班卓琴　　　　　　　　　马林巴
巴松管　　　　　　　　　双簧管
大提琴　　　　　　　　　打击乐器
单簧管　　　　　　　　　钢琴
鼓槌　　　　　　　　　　萨克斯管
长笛　　　　　　　　　　铃鼓
吉他　　　　　　　　　　长号
竖琴　　　　　　　　　　喇叭
曼陀林　　　　　　　　　小提琴

57 - Fruit

苹果
鳄梨
香蕉
浆果
樱桃
椰子
无花果
葡萄

番石榴
猕猴桃
柠檬
芒果
油桃
木瓜
菠萝
覆盆子

58 - Kitchen

刀	击	拼	猎	冰	绘	活	画	瓷	香	狩	猎	能	杯
针	艺	画	足	游	箱	食	物	趣	篮	料	放	勺	子
艺	击	图	纫	工	球	术	舞	术	球	棒	球	暇	远
松	球	水	术	潜	松	松	拳	棒	陶	瓷	拼	图	潜
球	针	壶	图	绘	放	画	能	钓	技	纫	品	绘	暇
图	纫	图	跳	暇	暇	足	瓷	狩	趣	织	游	术	品
缝	鱼	棒	画	工	针	筷	篮	拳	放	跳	狩	艺	远
趣	瓷	拳	瓷	阅	子	食	谱	烧	戏	陶	艺	跳
球	影	跳	远	术	法	缝	钓	游	烤	术	利	露	击
拳	钓	动	瓷	画	读	露	魔	纫	箱	足	艺	阅	潜
益	法	放	海	技	摄	陶	趣	露	潜	拳	篮	碗	瓷
露	益	拳	绵	拳	罐	瓷	游	篮	影	艺	活	棒	拼
足	阅	足	陶	图	陶	游	猎	影	术	陶	餐	游	织
针	游	叉	远	围	裙	球	拳	游	陶	巾	潜	魔

围裙
筷子
杯子
食物
烧烤
水壶
餐巾

烤箱
食谱
冰箱
香料
海绵
勺子

59 - Art Supplies

```
魔露纫摄棒利露篮创足跳艺工益
法钓跳趣潜动乐跳造戏足木品
颜跳乐图橡皮工篮图针力拳炭跳
色读球园游跳放摄法技篮工胶活
陶益铅笔想法艺摄术园球技水
远松针利图缝狩纫利魔阅跳鱼彩
照相机纫远术纸猎丙纫游露棒狩
足钓品瓷跳法法足烯技画艺露足
利工能术暇刷椅击酸钓架阅利益
益技技乐技黏子阅纤跳露动能拳
击利油钓鱼土墨画维摄技游营图
绘桌漆艺棒利水跳活法远戏技品
拳子篮纫远游绘阅技艺松瓷跳利
益读乐影球猎猎针水足读术图篮
```

丙烯酸纤维
刷子
照相机
椅子
木炭
黏土
颜色
创造力
画架

橡皮
胶水
想法
墨水
油漆
铅笔
桌子
水彩

60 - Science Fiction

```
品 暇 魔 营 钓 足 阅 摄 行 益 画 舞 画 拼
织 潜 图 远 篮 猎 画 活 星 系 钓 潜 远 趣
狩 鱼 摄 动 陶 足 利 舞 陶 读 工 错 松 跳
绘 爆 游 篮 舞 影 利 绘 纫 电 影 觉 机 跳
潜 露 炸 营 放 能 能 棒 针 篮 魔 克 器 跳
利 能 陶 瓷 书 籍 绘 足 舞 缝 狩 隆 人 画
放 术 球 世 界 工 猎 瓷 趣 缝 影 摄 缝 能
品 鱼 法 击 神 未 来 派 远 魔 画 园 乐 缝
乐 画 缝 图 秘 品 纫 趣 游 跳 放 针 影 鱼
跳 艺 影 织 火 读 鱼 趣 甲 虚 构 的 远 乌
化 篮 利 画 拼 技 摄 摄 活 骨 原 阅 舞 托
学 露 拳 拳 鱼 远 足 图 技 拳 文 子 极 邦
品 技 工 足 猎 动 猎 绘 术 活 远 纫 端 读
露 能 营 击 织 图 品 钓 反 乌 托 邦 活 远
```

原子
书籍
化学品
电影
克隆
反乌托邦
爆炸
极端
未来派
星系

错觉
虚构的
神秘
甲骨文
行星
机器人
技术
乌托邦
世界

61 - Airplanes

冒险
空气
大气层
气球
船员
下降
设计
方向
引擎
燃料

高度
历史
膨胀
降落
乘客
飞行员
螺旋桨
天空
湍流

62 - Ocean

乌	龟	足	虾	园	海	蜇	跳	鲨	鳗	藻	金	枪	鱼
织	拼	放	图	戏	绵	拳	露	园	鱼	类	猎	盐	艺
术	魔	放	陶	动	远	读	术	露	画	画	摄	暇	品
露	术	瓷	陶	拳	纫	潜	术	益	利	能	远	绘	品
跳	利	益	阅	猎	益	松	猎	乐	动	球	趣	放	舞
章	戏	放	影	术	牡	品	画	趣	利	能	拳	狩	摄
鱼	鲸	品	潜	营	蛎	足	钓	图	松	绘	图	珊	瑚
趣	工	术	舞	露	利	趣	钓	营	跳	戏	露	缝	画
图	纫	击	艺	击	法	缝	绘	织	足	缝	游	松	远
戏	纫	舞	术	舞	魔	乐	礁	影	放	趣	瓷	品	潜
海	鱼	海	藻	品	松	松	风	暴	营	法	狩	益	狩
法	豚	鱼	法	纫	动	球	陶	拼	魔	利	缝	乐	远
拳	游	击	益	能	游	拳	陶	露	园	动	潮	汐	纫
法	影	松	图	游	螃	蟹	鱼	棒	足	拳	放	绘	拼

藻类　　　　　　　　海藻
珊瑚　　　　　　　　鲨鱼
螃蟹　　　　　　　　海绵
海豚　　　　　　　　风暴
鳗鱼　　　　　　　　潮汐
海蜇　　　　　　　　金枪鱼
章鱼　　　　　　　　乌龟
牡蛎

63 - Birds

魔	织	孔	雀	企	天	跳	艺	鹈	篮	潜	露	戏	读
跳	跳	跳	拳	营	鹅	艺	瓷	鹕	棒	远	法	游	潜
法	阅	工	针	鱼	动	露	法	击	纫	活	益	法	暇
动	舞	利	戏	金	丝	雀	技	术	品	舞	舞	绘	棒
绘	阅	技	松	绘	绘	能	苍	钓	趣	击	放	露	阅
拼	拳	潜	放	松	狩	跳	鹭	放	利	画	瓷	球	暇
鹅	麻	露	阅	利	纫	远	魔	摄	绘	图	远	钓	松
利	雀	游	艺	舞	棒	魔	巨	游	艺	图	影	术	术
益	乌	鸦	鹳	针	能	足	嘴	艺	艺	阅	杜	艺	能
营	鸡	魔	艺	技	火	烈	鸟	技	趣	鱼	织	鹃	品
击	乐	鹰	松	潜	足	瓷	露	绘	鸵	鸟	蛋	魔	露
能	放	缝	益	技	法	猎	棒	趣	钓	鹦	猎	绘	跳
魔	球	足	放	潜	猎	露	术	活	图	鹉	法	乐	鱼
陶	针	陶	读	园	影	鸥	鸭	乐	陶	术	陶	游	营

金丝雀
乌鸦
杜鹃
火烈鸟
苍鹭
鸵鸟
鹦鹉

孔雀
鹈鹕
企鹅
麻雀
天鹅
巨嘴鸟

64 - Art

```
原 利 狩 击 工 雕 潜 露 游 狩 足 戏 诗 织
钓 版 个 缝 陶 跳 塑 戏 术 品 画 舞 拳 歌
潜 阅 人 魔 戏 拼 缝 狩 钓 狩 数 露 动
游 拼 的 能 戏 益 影 织 暇 放 字 法 活
瓷 跳 魔 复 杂 跳 技 技 潜 营 放 益 益 拼
织 技 启 发 远 游 棒 艺 工 球 利 舞 法 益
远 潜 针 足 击 读 织 钓 品 魔 跳 织 游 品
利 猎 猎 潜 戏 技 钓 跳 简 单 技 摄 暇 远
摄 足 乐 乐 摄 棒 趣 营 术 技 陶 瓷 猎 乐
陶 活 击 舞 暇 拳 趣 能 超 现 实 主 义 象
潜 阅 读 读 法 利 篮 阅 舞 工 品 题 能 征
术 乐 艺 瓷 影 绘 球 戏 纫 跳 园 摄 活 放
球 戏 能 活 诚 实 阅 棒 篮 乐 组 表 心 情
视 觉 的 足 术 影 棒 瓷 跳 击 成 达 拳 术
```

陶瓷
复杂
组成
表达
数字
诚实
启发
心情
原版

个人的
诗歌
雕塑
简单
主题
超现实主义
象征
视觉的

65 - Gymnastics

营	足	缝	跳	艺	益	放	松	纫	暇	潜	针	击	法
分	摄	缝	画	游	法	教	练	影	术	钓	舞	团	织
织	数	钓	潜	纫	官	敏	潜	动	潜	艺	活	队	阅
放	摄	拳	陶	活	远	捷	阅	图	纫	营	利	图	画
击	技	狩	技	读	篮	游	舞	动	术	术	远	拳	艺
影	放	手	读	纫	力	量	远	潜	读	舞	拳	乐	阅
画	拳	球	品	体	操	运	动	员	组	利	工	营	跳
松	拼	动	击	育	乐	舞	游	舞	合	读	魔	阅	阅
陶	放	露	跳	馆	陶	拳	营	游	音	营	阅	能	松
棒	读	工	艺	潜	狩	动	乐	读	缝	乐	个	绘	戏
工	趣	瓷	法	法	瓷	游	舞	暇	钓	法	拳	人	法
放	纫	粉	钓	远	术	潜	营	纫	鱼	陶	棒	营	工
武	器	笔	箍	钓	足	暇	陶	潜	戏	舞	放	露	针
能	绘	常	规	读	击	针	乐	游	趣	舞	跳	影	钓

敏捷
武器
粉笔
教练
组合
体育馆
体操运动员

个人
法官
音乐
常规
分数
力量
团队

66 - Nutrition

```
读 工 暇 维 画 棒 鱼 游 酱 陶 暇 松 魔 营
摄 陶 饮 生 活 活 阅 读 狩 猎 魔 碳 缝 狩
活 养 食 素 卡 活 魔 摄 足 暇 露 水 术 击
暇 分 击 欲 路 影 暇 品 猎 读 放 化 放 钓
陶 术 味 图 里 织 艺 猎 摄 图 平 合 拳 拳
技 织 利 道 篮 松 织 画 狩 拼 衡 物 重 篮
摄 针 球 法 画 蛋 白 质 乐 织 的 质 量 法
能 远 毒 潜 影 乐 戏 图 魔 远 法 狩 跳 放
纫 陶 素 球 工 动 画 图 苦 读 阅 技 狩 陶
纫 乐 趣 拳 艺 棒 法 篮 营 健 发 能 乐 拳
钓 技 瓷 鱼 游 液 体 艺 动 康 酵 潜 织 跳
松 足 潜 猎 绘 食 用 露 缝 工 魔 乐 法
纫 趣 动 绘 品 趣 能 鱼 拼 击 习 织 击 球
舞 织 益 织 消 化 绘 纫 狩 影 乐 惯 术 园
```

食欲　　　　　　　　习惯
平衡的　　　　　　　健康
卡路里　　　　　　　液体
碳水化合物　　　　　养分
饮食　　　　　　　　蛋白质
消化　　　　　　　　质量
食用　　　　　　　　毒素
发酵　　　　　　　　维生素
味道　　　　　　　　重量

67 - Hiking

大	纫	鱼	露	营	图	准	备	法	戏	绘	术	危	猎
自	读	鱼	足	术	针	工	法	能	瓷	暇	鱼	害	缝
然	益	营	瓷	动	物	猎	绘	益	篮	动	乐	能	法
悬	崖	峰	拼	织	太	阳	潜	园	放	影	趣	钓	技
品	园	术	会	潜	摄	利	击	方	向	纫	品	潜	陶
猎	重	松	放	指	魔	放	艺	戏	潜	能	乐	技	放
术	阅	拼	利	南	针	技	缝	钓	织	鱼	利	影	工
荒	跳	工	纫	工	针	瓷	能	乐	松	艺	球	阅	暇
画	野	影	园	趣	猎	靴	舞	远	绘	活	游	球	潜
地	图	石	头	山	法	子	潜	猎	松	累	公	园	影
艺	狩	艺	猎	绘	活	暇	能	利	魔	潜	工	陶	画
松	阅	拳	鱼	品	球	纫	术	舞	水	游	气	画	跳
能	球	工	篮	瓷	织	术	艺	潜	法	绘	瓷	候	活
摄	技	纫	击	图	足	益	篮	阅	工	戏	画	读	舞

动物　大自然
靴子　方向
露营　公园
悬崖　准备
气候　石头
指南　峰会
危害　太阳
地图　荒野

68 - Professions #1

钢	益	纫	银	篮	舞	工	放	织	针	篮	地	猎	陶
品	琴	放	行	篮	营	纫	心	读	天	暇	质	戏	潜
猎	棒	家	家	足	技	戏	舞	理	文	音	学	裁	工
狩	园	松	篮	篮	阅	针	趣	潜	学	乐	家	缝	针
工	露	教	画	钓	跳	游	魔	露	家	家	术	鱼	拳
工	织	园	练	篮	游	术	拼	法	针	瓷	球	篮	乐
水	管	工	陶	护	士	艺	艺	针	艺	织	园	戏	营
手	足	摄	益	读	放	舞	影	能	松	利	拳	大	使
制	图	师	品	钓	技	织	活	拼	能	松	瓷	法	足
钓	工	篮	工	露	工	露	球	利	编	篮	拼	营	工
阅	暇	绘	瓷	织	篮	影	远	猎	辑	魔	击	针	术
舞	蹈	家	园	拼	针	暇	珠	人	兽	乐	绘	品	法
潜	狩	医	园	缝	乐	艺	宝	暇	医	纫	术	潜	动
暇	品	生	律	师	阅	放	商	魔	瓷	放	园	品	球

大使
天文学家
律师
银行家
制图师
教练
舞蹈家
医生
编辑
地质学家

猎人
珠宝商
音乐家
护士
钢琴家
水管工
心理学家
水手
裁缝
兽医

69 - Dinosaurs

阅	营	爬	图	球	工	趣	营	暇	恶	毒	纫	陶	图
远	乐	行	鱼	品	法	影	纫	织	狩	戏	摄	影	针
猎	纫	动	篮	猛	犸	象	摄	阅	暇	松	陶	远	进
翅	活	物	游	瓷	猎	魔	陶	食	肉	动	物	种	化
膀	足	摄	食	草	动	物	趣	杂	品	巨	大	乐	击
阅	阅	放	陶	放	篮	露	远	食	棒	棒	工	织	鱼
魔	远	读	暇	缝	远	园	影	动	活	影	潜	猎	露
艺	陶	读	工	松	乐	利	尾	物	击	尺	寸	史	物
织	拼	陶	品	化	地	暇	巴	拳	画	读	放	益	前
工	艺	趣	艺	石	球	活	放	影	瓷	术	能	园	狩
阅	瓷	松	动	影	技	远	舞	瓷	游	阅	暇	松	技
鱼	绘	潜	技	放	消	失	摄	强	大	能	摄	织	能
利	潜	营	击	法	拼	松	画	猛	趣	瓷	击	击	利
针	足	放	利	绘	园	术	益	艺	禽	猎	品	魔	露

食肉动物
消失
地球
巨大
进化
化石
食草动物
猛犸象
杂食动物
强大

史前
猎物
猛禽
爬行动物
尺寸
物种
尾巴
恶毒
翅膀

70 - Barbecues

烧	烤	潜	能	纫	能	击	技	画	影	鸡	午	餐	露
酱	缝	潜	绘	蔬	瓷	营	益	园	跳	绘	松	钓	益
益	松	工	绘	菜	松	跳	阅	拳	拼	技	陶	击	利
篮	露	猎	露	盐	术	露	动	潜	利	艺	拼	游	暇
阅	画	潜	趣	趣	法	术	松	画	陶	拼	园	跳	乐
术	饥	饿	趣	狩	拳	球	画	阅	艺	狩	篮	艺	拼
阅	跳	针	活	影	针	游	戏	织	叉	艺	击	动	品
画	瓷	趣	夏	狩	击	阅	放	音	图	利	艺	食	物
远	动	跳	天	松	图	缝	画	热	乐	跳	露	暇	击
纫	拼	园	绘	织	舞	动	球	品	读	图	远	松	足
织	营	松	利	舞	猎	潜	园	露	瓷	刀	击	益	图
画	魔	棒	拳	水	球	沙	番	茄	家	庭	法	游	舞
放	针	远	纫	果	暇	拉	魔	阅	晚	餐	松	鱼	戏
朋	友	益	趣	图	利	益	钓	读	缝	松	能	瓷	击

晚餐
家庭
食物
朋友
水果
游戏
烧烤

饥饿
午餐
音乐
沙拉
夏天
番茄
蔬菜

71 - Surfing

```
乐 趣 海 动 艺 营 速 松 活 泡 波 冠 军 读
动 技 滩 趣 陶 乐 度 趣 极 沫 舞 活 绘 益
篮 暇 活 画 桨 品 鱼 戏 端 球 击 园 鱼
放 拼 松 图 暇 利 活 园 击 棒 画 纫 活 拳
益 拼 品 工 纫 流 行 的 纫 织 图 动 暇 力
活 利 猎 缝 术 拳 术 露 益 松 营 潜 远 量
篮 品 纫 潜 钓 织 动 篮 舞 画 舞 纫 乐 拳
缝 艺 暇 松 营 乐 戏 图 陶 活 钓 针 活 动
礁 初 法 狩 钓 棒 益 远 钓 击 活 纫 钓 舞
人 群 学 活 绘 纫 能 品 击 鱼 潜 营 棒 篮
活 风 活 者 狩 露 钓 营 缝 松 缝 针 潜 利
海 格 技 远 胃 远 狩 戏 读 纫 运 工 拼 绘
洋 能 影 读 棒 钓 技 鱼 舞 动 动 拳 乐 针
天 气 钓 术 营 游 潜 棒 舞 动 员 针 松 活
```

运动员　　　　　　　　乐趣
海滩　　　　　　　　　海洋
初学者　　　　　　　　流行的
冠军　　　　　　　　　速度
人群　　　　　　　　　力量
极端　　　　　　　　　风格
泡沫　　　　　　　　　天气

72 - Chocolate

猎	甜	摄	拳	针	狩	拳	渴	抗	钓	戏	舞	跳	园
狩	蜜	利	露	纫	摄	读	望	氧	活	拼	趣	足	戏
卡	的	纫	击	陶	击	织	化	篮	摄	钓	篮	足
阅	路	鱼	园	园	图	艺	剂	纫	球	术	露	可
绘	钓	里	质	露	足	影	击	利	击	钓	猎	可
陶	缝	击	量	足	利	花	生	异	国	情	调	暇	拼
狩	影	拳	猎	活	阅	暇	戏	动	能	图	技	益
利	放	益	术	最	篮	工	拳	糖	击	纫	焦	糖
拳	工	园	艺	喜	法	足	远	放	暇	工	法	游	果
陶	品	舞	远	欢	绘	瓷	图	美	味	摄	画	游	猎
拳	图	动	法	的	暇	织	足	阅	道	成	益	乐	艺
针	棒	食	猎	趣	拳	篮	阅	香	瓷	舞	分	阅	棒
艺	拼	谱	游	拼	摄	摄	技	鱼	气	苦	猎	鱼	拼
读	足	织	魔	纫	能	游	工	益	瓷	趣	拳	椰	子

抗氧化剂　　　　　异国情调
香气　　　　　　　最喜欢的
可可　　　　　　　成分
卡路里　　　　　　花生
糖果　　　　　　　质量
焦糖　　　　　　　食谱
椰子　　　　　　　甜蜜的
渴望　　　　　　　味道
美味

73 - Vegetables

```
钓 织 狩 陶 沙 画 绘 松 艺 魔 阅 织 趣 乐
钓 针 画 陶 拉 阅 读 针 术 织 香 菜 缝 钓
足 钓 跳 图 露 鱼 跳 品 舞 豌 豆 松 摄 露
西 画 园 艺 工 园 摄 放 术 拳 读 黄 鱼 萝
兰 朝 鲜 蓟 品 趣 松 绘 击 利 动 南 瓜 卜
花 益 放 图 艺 放 足 足 营 陶 游 魔 园 益
椰 能 芜 茄 趣 葱 洋 葱 利 活 松 画 影 艺
菜 游 菁 读 子 球 戏 影 击 活 露 戏 阅 钓
放 胡 品 远 技 足 益 画 缝 松 钓 暇 暇 足
趣 萝 园 猎 魔 鱼 放 姜 缝 猎 纫 棒 芹 艺
动 卜 菠 松 能 工 狩 远 蘑 菇 动 纫 菜 绘
戏 绘 菜 鱼 大 法 技 露 摄 跳 松 技 球 番
缝 钓 画 趣 蒜 园 画 魔 纫 法 篮 能 篮 茄
戏 品 纫 画 画 益 利 针 舞 拼 篮 营 陶 露
```

朝鲜蓟
西兰花
胡萝卜
花椰菜
芹菜
黄瓜
茄子
大蒜
蘑菇

洋葱
香菜
豌豆
南瓜
萝卜
沙拉
菠菜
番茄
芜菁

74 - Boats

乐	篮	针	瓷	棒	纫	海	阅	击	棒	棒	帆	远	画
狩	远	拳	引	品	动	洋	绘	摄	舞	影	游	船	员
影	球	营	擎	利	魔	纫	独	木	舟	击	乐	图	活
潜	棒	拳	戏	渡	品	工	法	法	远	足	戏	品	魔
海	上	的	桅	营	轮	球	露	钓	园	针	放	图	乐
趣	足	园	杆	绘	露	暇	园	水	手	球	潜	鱼	跳
远	画	河	暇	猎	拼	潜	棒	动	营	码	术	游	击
益	利	潜	暇	针	摄	趣	跳	篮	远	头	足	鱼	摄
击	乐	陶	动	钓	益	足	动	击	锚	品	湖	暇	益
拼	绘	园	画	读	乐	放	狩	猎	棒	艺	露	潜	术
园	远	营	游	潜	钓	鱼	纫	阅	狩	缝	浮	潜	技
针	篮	绳	游	拳	针	钓	暇	营	松	皮	标	露	远
影	舞	子	艇	阅	影	术	跳	救	生	艇	陶	织	动
露	足	瓷	动	拳	阅	品	游	跳	能	技	拳	筏	松

浮标　　　　　　　　桅杆
独木舟　　　　　　　海上的
船员　　　　　　　　海洋
码头　　　　　　　　绳子
引擎　　　　　　　　帆船
渡轮　　　　　　　　水手
皮艇　　　　　　　　游艇
救生艇

75 - Activities and Leisure

乐	冲	影	鱼	狩	魔	拼	阅	排	放	旅	艺	爱	好
能	浪	工	绘	动	拳	纫	能	球	园	行	潜	艺	魔
钓	阅	鱼	露	露	营	阅	狩	技	艺	露	画	缝
潜	击	技	艺	拳	跳	缝	益	织	篮	术	跳	乐	篮
乐	水	钓	游	泳	击	高	尔	夫	球	纫	绘	魔	网
营	摄	放	图	魔	购	拳	露	棒	球	营	读	篮	球
法	狩	松	画	绘	物	活	露	技	拼	跳	狩	棒	园
利	能	品	狩	猎	营	钓	鱼	击	棒	戏	陶	活	钓
品	能	利	钓	足	露	技	球	松	利	拼	利	术	篮
球	工	缝	游	益	能	篮	钓	陶	钓	益	园	工	棒
陶	跳	益	针	狩	远	猎	艺	趣	摄	园	艺	绘	击
绘	活	品	松	远	魔	织	艺	技	陶	动	拼	品	园
篮	松	跳	纫	足	露	球	篮	技	摄	击	舞	露	法
法	松	暇	跳	球	击	游	园	拳	图	陶	露	拼	缝

艺术
棒球
篮球
拳击
露营
潜水
钓鱼
园艺
高尔夫球
远足

爱好
放松
购物
足球
冲浪
游泳
网球
旅行
排球

76 - Driving

园	卡	球	工	陶	暇	艺	绘	篮	击	马	棒	利	足
汽	车	能	拳	摄	安	交	通	瓷	司	达	暇	园	拼
暇	纫	摄	事	游	全	暇	足	松	球	机	气	燃	料
远	钓	潜	故	球	狩	棒	篮	摄	球	图	针	体	松
动	园	猎	陶	猎	营	技	露	艺	警	品	球	车	读
活	技	危	钓	舞	读	乐	乐	读	察	阅	鱼	库	舞
阅	潜	险	击	动	针	球	狩	拼	利	露	法	乐	品
利	暇	棒	益	魔	读	执	松	品	园	鱼	摩	棒	绘
拼	读	刹	术	戏	营	照	读	露	瓷	托	拼	陶
利	动	车	地	图	猎	工	行	缝	暇	暇	车	拼	织
舞	露	缝	钓	读	跳	舞	人	隧	潜	织	露	利	读
陶	暇	缝	跳	暇	狩	足	远	道	暇	技	营	读	利
织	利	工	摄	击	拼	纫	画	利	速	远	路	影	篮
乐	绘	术	魔	露	园	露	游	足	远	度	法	摄	拳

事故
刹车
汽车
危险
司机
燃料
车库
气体
执照
地图

马达
摩托车
行人
警察
安全
速度
交通
卡车
隧道

77 - Professions #2

```
戏 益 击 图 球 利 纫 艺 舞 远 鱼 摄 露 益
松 画 拳 暇 牙 画 家 发 绘 潜 舞 哲 棒 趣
术 跳 织 外 科 医 生 明 拼 营 鱼 学 工 拳
足 魔 动 工 园 生 农 者 暇 舞 益 家 魔 针
术 纫 针 猎 程 陶 民 法 阅 工 记 利 活 陶
园 击 营 摄 影 师 狩 利 松 陶 者 暇 园 益
读 放 球 陶 猎 棒 陶 动 瓷 戏 狩 魔 丁 潜
瓷 工 飞 行 员 利 益 游 缝 拼 松 绘 拼 钓
动 乐 语 猎 针 趣 球 生 动 读 宇 瓷 篮 陶
阅 工 言 图 书 管 理 员 物 棒 航 狩 潜 跳
益 拼 学 活 工 趣 画 远 学 学 员 侦 能 篮
插 画 家 老 师 击 击 暇 家 园 家 探 技 趣
跳 营 图 露 松 魔 乐 狩 舞 画 游 摄 球 猎
活 魔 营 戏 影 钓 瓷 法 绘 画 织 戏 法 魔
```

宇航员
生物学家
牙医
侦探
工程师
农民
园丁
插画家
发明者
记者

图书管理员
语言学家
画家
哲学家
摄影师
医生
飞行员
外科医生
老师
动物学家

78 - Emotions

```
篮 篮 满 能 球 动 露 平 悲 伤 篮 针 棒 跳
利 能 意 露 猎 足 营 静 术 纫 织 拳 活 趣
暇 狩 放 无 园 拼 拼 篮 松 缝 织 动 露 鱼
感 激 的 聊 术 营 纫 缝 能 魔 魔 棒 缝 棒
影 乐 营 舞 拳 缝 摄 狩 足 暇 戏 宁 静 针
暇 品 阅 猎 善 爱 鱼 魔 工 猎 拳 纫 活 艺
放 松 和 暇 潜 良 营 动 影 益 暇 放 图 愤
织 工 拼 平 喜 摄 织 潜 潜 舞 陶 图 绘 怒
击 惊 喜 悦 摄 趣 营 内 温 柔 织 游 潜
松 利 拳 缝 乐 篮 读 拳 容 阅 绘 放 球 潜
恐 法 放 活 动 露 缝 松 法 工 品 能 同 工
惧 织 品 露 利 益 击 工 品 暇 击 戏 法 情
远 露 趣 放 露 游 拼 足 松 绘 益 拼 摄 影
动 图 暇 织 极 乐 趣 鱼 瓷 拼 艺 放 拼 绘
```

愤怒
极乐
无聊
平静
内容
恐惧
感激的
喜悦
善良

和平
放松
悲伤
满意
惊喜
同情
温柔
宁静

79 - Mythology

```
法 画 钓 阅 益 画 暇 陶 品 动 猎 读 戏
技 游 怪 生 球 露 文 游 足 艺 画 拳 舞 画
能 工 露 物 陶 针 化 钓 纫 戏 潜 球 创 造
术 复 球 读 潜 绘 织 篮 工 暇 狩 潜 纫
拼 仇 艺 击 法 原 技 钓 球 拳 影 动 露 能
戏 魔 利 乐 拳 信 型 舞 瓷 读 猎 击 足 品
营 读 术 钓 趣 仰 技 读 舞 术 嫉 园 狩 拳
闪 暇 阅 力 量 击 露 迷 拳 妒 鱼 棒 雷
电 战 拼 工 鱼 传 击 宫 魔 戏 跳 游 鱼 鱼
不 士 益 图 凡 说 纫 缝 织 瓷 狩 纫 园 缝
戏 朽 能 天 人 击 潜 工 织 工 钓 钓 营 灾
缝 益 读 堂 针 暇 篮 织 球 阅 足 乐 针 难
拳 乐 棒 图 艺 图 鱼 术 拼 英 雄 工 趣 针
摄 技 品 游 行 为 技 露 品 拳 露 跳 织 潜
```

原型
行为
信仰
创造
生物
文化
灾难
天堂
英雄
不朽

嫉妒
迷宫
传说
闪电
怪物
凡人
复仇
力量
战士

80 - Hair Types

陶	乐	画	戏	辫	乐	缝	狩	舞	拼	灰	黑	乐	趣
影	陶	活	球	子	长	艺	棒	乐	棒	色	色	动	钓
术	绘	棒	瓷	瓷	织	纫	活	猎	猎	阅	鱼	暇	露
工	利	图	能	乐	足	针	击	瓷	法	能	远	摄	影
魔	露	棕	色	篮	品	游	能	松	活	利	法	拼	球
猎	趣	钓	游	棒	能	魔	术	活	织	拳	露	卷	球
拼	松	球	针	足	游	松	术	跳	魔	远	金	发	针
法	击	乐	游	瓷	活	艺	品	读	卷	拳	纫	读	银
短	柔	软	的	闪	薄	能	健	康	乐	曲	潜	技	读
摄	动	瓷	棒	厚	亮	游	摄	陶	术	画	露	游	棒
动	跳	艺	球	纫	狩	的	光	滑	术	术	白	摄	干
球	织	缝	术	品	阅	击	品	摄	阅	游	色	拳	艺
影	织	舞	画	游	狩	绘	编	利	法	拳	棒	游	秃
阅	放	趣	技	露	游	瓷	织	拳	工	图	画	远	活

黑色 　　　　　　　　　　灰色
金发 　　　　　　　　　　健康
编织 　　　　　　　　　　闪亮的
辫子 　　　　　　　　　　光滑
棕色 　　　　　　　　　　柔软的
卷发 　　　　　　　　　　白色
卷曲

81 - Garden

足	画	画	游	摄	陶	暇	潜	趣	织	土	壤	绘	瓷
阅	灌	乐	狩	球	营	松	能	读	活	营	活	游	技
图	远	木	戏	跳	篮	狩	池	术	益	篮	钓	狩	术
拳	阅	猎	门	园	工	平	塘	瓷	戏	跳	车	图	能
鱼	果	戏	廊	绘	狩	台	猎	耙	利	动	库	工	游
花	园	画	园	益	棒	放	跳	纫	阅	瓷	拼	图	松
利	活	露	工	露	织	益	棒	击	吊	岩	石	阅	营
艺	能	营	潜	栅	乐	绘	潜	蹦	床	织	利	纫	拳
缝	绘	法	技	栏	乐	工	园	猎	跳	法	潜	营	能
戏	魔	鱼	远	拳	影	鱼	园	能	鱼	游	动	拼	跳
品	艺	草	工	软	杂	舞	戏	击	舞	树	暇	影
钓	能	戏	坪	管	草	画	摄	魔	法	铲	品	缝	钓
阅	工	园	趣	法	缝	画	趣	篮	园	鱼	缝	拳	篮
艺	钓	营	草	远	阅	瓷	猎	陶	活	乐	瓷	陶	园

灌木
栅栏
车库
花园
吊床
软管
草坪
果园

池塘
门廊
岩石
土壤
平台
蹦床
杂

82 - Birthday

```
击潜邀篮摄击能游远趣放球跳营
足拳请钓露绘能艺拳陶年放针能
足戏函图工棒游利益品跳工跳乐
影朋友远球趣拼暇益暇年轻纫狩
出回忆品瓷法拼棒瓷趣术钓暇读
礼生乐绘画跳松织暇放棒艺技动
物利拳魔鱼园智慧利鱼庆祝活足
绘篮法牌动狩影特别法远法远棒
阅球潜松远针球活篮放球舞足营
瓷阅狩术足针潜快织猎营乐动品
猎术击益狩时技乐篮园魔蛋击放
日歌球能蜡间魔趣钓日历糕营影
乐曲阅跳拳烛游棒艺织品术球钓
魔球工戏戏魔艺击园绘猎利放摄
```

出生　　　　　　　　快乐
蛋糕　　　　　　　　邀请函
日历　　　　　　　　回忆
蜡烛　　　　　　　　歌曲
庆祝　　　　　　　　特别
朋友　　　　　　　　时间
乐趣　　　　　　　　智慧
礼物　　　　　　　　年轻

83 - Beach

```
利 篮 暇 艺 动 拼 针 太 动 足 影 陶 足 放
松 远 码 头 浮 钓 足 阳 潜 瓷 动 艺 篮 松
图 技 暇 暇 球 湖 松 猎 戏 猎 陶 能 乐 拳
舞 益 技 拳 陶 阅 毛 阅 猎 螃 蟹 法 陶 鱼
针 术 球 瓷 暇 鱼 巾 足 游 暇 艺 纫 远 绘
礁 蓝 跳 绘 假 期 鱼 凉 鞋 击 园 阅 鱼 棒
艺 色 猎 动 球 艺 艺 拳 海 洋 帆 益 舞 狩
艺 放 钓 动 露 能 游 纫 艺 放 船 摄 艺 缝
猎 瓷 戏 松 绘 针 读 营 技 海 技 狩 园 暇
棒 跳 远 陶 利 岛 技 戏 松 趣 岸 摄 园 艺
暇 猎 阅 魔 绘 魔 戏 沙 活 摄 乐 纫 术 狩
伞 利 潜 织 园 远 球 术 读 画 击 陶 织 营
足 松 能 活 放 魔 击 乐 露 营 动 绘 游 园
营 园 棒 游 猎 针 阅 潜 能 纫 织 园 拼 针
```

蓝色　　　　　帆船
海岸　　　　　凉鞋
螃蟹　　　　　太阳
码头　　　　　毛巾
浮湖　　　　　假期
海洋

84 - Adjectives #1

戏	营	动	趣	技	舞	读	画	狩	有	帮	助	营	缝
纫	露	松	益	陶	摄	营	活	织	价	绘	绘	读	棒
拳	绘	游	绘	绝	读	艺	营	动	值	瓷	影	拼	陶
画	织	陶	拼	对	利	活	薄	远	的	益	远	棒	技
吸	读	缝	严	远	能	纫	技	画	猎	放	相	足	艺
引	图	戏	重	拳	品	能	钓	活	松	阅	益	同	陶
力	远	魔	的	要	工	击	足	营	诚	绘	舞	黑	戏
绘	露	读	绘	放	的	猎	园	游	实	慢	跳	暗	法
钓	篮	放	益	缝	纫	阅	鱼	品	瓷	益	艺	芳	画
跳	猎	乐	织	技	阅	异	国	情	调	技	术	香	暇
魔	技	法	露	摄	乐	画	利	利	针	慷	的	篮	读
画	品	舞	品	画	陶	足	品	现	代	慨	乐	纫	猎
美	陶	术	潜	术	远	篮	戏	绘	摄	益	图	动	快
丽	猎	猎	阅	技	艺	鱼	园	技	有	雄	心	阅	乐

绝对　　　　　　　　快乐
有雄心　　　　　　　有帮助
芳香　　　　　　　　诚实
艺术的　　　　　　　相同
吸引力　　　　　　　重要的
美丽　　　　　　　　现代
黑暗　　　　　　　　严重的
异国情调　　　　　　有价值的
慷慨

85 - Rainforest

```
艺 社 瓷 猎 织 放 狩 魔 益 工 足 丛 拼
术 区 技 狩 利 游 图 瓷 营 猎 织 林 摄
足 潜 跳 棒 活 品 工 摄 趣 戏 艺 魔 游 织
魔 拼 避 难 所 足 拳 工 恢 法 篮 拳 戏 钓
足 猎 织 跳 狩 乐 能 篮 乐 复 纫 鱼 暇 画
织 气 暇 游 潜 哺 放 动 画 拼 苔 能 工 纫
品 候 益 读 针 陶 乳 拳 植 拼 藓 鸟 类 利
图 击 绘 影 图 两 栖 动 物 篮 钓 活 针 保
钓 术 织 昆 钓 动 瓷 术 物 种 针 术 生 存
法 品 多 虫 球 阅 有 绘 暇 游 尊 重 拼 活
拳 球 猎 样 技 图 价 工 技 缝 摄 篮 术 画
营 法 活 瓷 性 针 值 潜 拼 画 艺 园 能 潜
钓 益 暇 暇 击 益 的 营 足 大 自 然 动 篮
戏 云 瓷 露 猎 跳 远 猎 鱼 法 篮 画 戏 织
```

两栖动物
鸟类
植物
气候
社区
多样性
昆虫
丛林
哺乳动物

苔藓
大自然
保存
避难所
尊重
恢复
物种
生存
有价值的

86 - Technology

照	相	机	软	法	博	跳	陶	病	影	利	棒	画	织
图	艺	工	件	缝	客	远	击	毒	足	织	远	营	读
绘	猎	跳	统	计	数	据	园	远	数	针	乐	瓷	拳
钓	动	术	钓	鱼	据	篮	织	绘	魔	字	瓷	术	乐
远	法	击	魔	画	露	动	能	品	钓	钓	图	能	针
浏	图	足	术	放	品	松	松	乐	鱼	趣	游	球	绘
览	猎	暇	缝	击	舞	跳	陶	钓	能	舞	纫	松	利
器	影	鱼	松	活	缝	跳	狩	纫	鱼	瓷	图	放	拳
陶	互	能	图	戏	远	虚	钓	趣	暇	乐	足	电	脑
猎	屏	联	鱼	动	暇	放	拟	舞	研	究	字	节	能
艺	幕	营	网	潜	松	品	法	字	术	鱼	能	光	标
陶	文	件	法	放	艺	狩	陶	体	安	全	舞	鱼	陶
钓	法	画	术	画	瓷	球	击	球	狩	放	松	图	乐
摄	猎	击	乐	信	息	松	跳	篮	远	技	露	暇	工

博客
浏览器
字节
照相机
电脑
光标
数据
数字
文件
字体

互联网
信息
研究
屏幕
安全
软件
统计数据
虚拟
病毒

87 - Landscapes

松	摄	法	游	能	益	暇	放	瀑	远	利	苔	钓	利
针	织	戏	暇	远	艺	益	针	布	能	猎	原	品	暇
利	潜	术	园	篮	暇	营	湖	陶	读	影	趣	足	工
陶	能	工	露	益	鱼	趣	击	读	鱼	游	球	绿	足
拳	松	跳	绘	益	狩	益	动	能	画	跳	洲	纫	
能	远	工	图	能	技	篮	足	钓	戏	园	益	艺	
魔	魔	图	放	摄	猎	摄	法	园	球	品	品	游	篮
陶	洞	钓	活	绘	术	乐	利	间	远	能	动	猎	针
岛	穴	潜	潜	读	织	术	艺	活	歇	半	岛	钓	球
魔	品	瓷	潜	沼	纫	舞	海	洋	远	泉	动	钓	魔
冰	拼	绘	活	泽	鱼	潜	戏	放	法	缝	放	跳	拼
山	川	火	山	谷	悬	趣	足	艺	利	影	河	纫	技
海	动	动	品	动	崖	活	摄	营	棒	沙	画	营	益
滩	陶	园	影	魔	读	棒	潜	读	读	漠	品	瓷	影

海滩　　　　　　　海洋
洞穴　　　　　　　半岛
悬崖　　　　　　　沼泽
沙漠　　　　　　　苔原
间歇泉　　　　　　山谷
冰川　　　　　　　火山
冰山　　　　　　　瀑布
绿洲

88 - Visual Arts

```
能 园 猎 绘 绘 木 营 活 潜 瓷 棒 远 露 工
拳 拳 图 图 活 艺 炭 鱼 法 松 园 看 法
图 钓 粉 摄 针 照 猎 织 摄 陶 器 艺 能 织
画 铅 笔 雕 塑 片 松 魔 品 乐 缝 织 暇 影
能 鱼 利 绘 篮 足 远 乐 针 阅 击 魔 织 远
法 陶 电 画 术 园 暇 画 摄 乐 肖 戏 品 舞
拼 猎 跳 影 跳 魔 狩 模 狩 粘 像 松 瓷 球
创 球 营 戏 钓 瓷 具 松 土 艺 杰 作 动
造 棒 跳 远 潜 钓 益 园 笔 园 术 园 球 建
力 球 潜 画 营 舞 游 击 艺 针 篮 远 家 筑
摄 蜡 放 狩 利 影 动 画 活 鱼 针 技 影 筑
利 画 击 术 拼 艺 拳 放 舞 营 营 术 跳 篮
足 架 潜 陶 动 游 击 远 陶 绘 影 摄 乐 技
乐 利 读 园 露 针 陶 狩 艺 陶 远 影 纫 舞
```

建筑
艺术家
粉笔
木炭
粘土
创造力
画架
电影
杰作

绘画
铅笔
看法
照片
肖像
陶器
雕塑
模具

89 - Plants

```
益 魔 狩 技 魔 游 舞 拳 动 植 物 品 棒 舞
花 绘 画 拼 趣 技 动 放 钓 物 浆 果 纫 图
园 放 松 舞 钓 舞 潜 工 阅 学 影 动 能 艺
根 足 品 球 营 图 纫 画 足 摄 画 活 魔 益
法 球 远 陶 游 钓 趣 园 放 放 影 乐 游 营
钓 纫 园 绘 能 足 猎 钓 暇 放 放 远 篮 趣
织 陶 品 放 森 林 图 纫 茎 图 常 营 纫 乐
足 纫 跳 能 影 利 园 益 利 放 树 春 足 法
苔 游 动 艺 艺 动 戏 豆 利 画 叶 远 藤 篮
藓 戏 活 能 趣 摄 能 花 篮 织 竹 子 草 仙
狩 艺 活 图 舞 露 品 瓣 绘 乐 营 针 园 人
篮 品 园 肥 篮 灌 木 技 艺 影 绘 松 猎 掌
趣 钓 戏 益 料 魔 跳 活 拳 技 织 暇 篮 植
猎 跳 法 摄 纫 瓷 潜 暇 拼 足 工 活 潜 被
```

竹子　　　　　　　树叶
浆果　　　　　　　森林
植物学　　　　　　花园
灌木　　　　　　　常春藤
仙人掌　　　　　　苔藓
肥料　　　　　　　花瓣
植物　　　　　　　植被

90 - Countries #2

放	黎	松	足	叙	暇	鱼	潜	海	营	鱼	动	图	缝
术	舞	巴	潜	利	露	活	益	地	绘	陶	艺	跳	乐
猎	画	陶	嫩	亚	摄	跳	艺	摄	鱼	读	拼	缝	针
棒	法	潜	工	营	摄	钓	陶	暇	技	球	日	本	老
阿	尔	巴	尼	亚	埃	营	苏	墨	西	哥	钓	乐	挝
索	棒	乌	跳	露	塞	针	图	丹	丹	麦	拼	摄	工
马	猎	克	干	松	俄	牙	买	加	猎	趣	缝	球	拼
里	松	兰	击	达	比	巴	工	营	放	瓷	魔	动	戏
织	魔	利	比	里	亚	基	篮	陶	工	尼	绘	拼	动
狩	画	游	利	俄	罗	斯	跳	游	击	日	工	能	松
希	腊	工	舞	读	益	坦	纫	园	益	利	读	术	缝
潜	织	法	狩	艺	松	潜	尼	泊	尔	亚	跳	放	魔
潜	能	瓷	狩	戏	舞	趣	游	画	图	品	拳	球	远
狩	纫	绘	动	图	影	拼	利	拼	术	动	棒	露	棒

阿尔巴尼亚
丹麦
埃塞俄比亚
希腊
海地
牙买加
日本
老挝
黎巴嫩
利比里亚

墨西哥
尼泊尔
尼日利亚
巴基斯坦
俄罗斯
索马里
苏丹
叙利亚
乌干达
乌克兰

91 - Ecology

摄	魔	篮	利	篮	拼	狩	图	沼	画	露	法	戏	远
拼	纫	生	境	远	猎	缝	术	泽	营	活	拼	品	猎
游	物	存	社	区	气	候	资	能	潜	放	猎	益	志
潜	趣	种	舞	织	篮	棒	球	源	图	狩	阅	植	愿
图	缝	暇	工	舞	钓	趣	舞	图	绘	乐	猎	被	者
营	陶	园	篮	动	足	法	大	工	营	拼	乐	园	工
露	棒	营	术	物	读	球	益	自	阅	益	艺	猎	舞
植	跳	动	品	群	动	跳	缝	然	能	纫	摄	画
物	工	海	洋	品	活	绘	狩	绘	戏	露	营	暇	足
营	干	远	艺	缝	暇	缝	瓷	球	击	篮	图	陶	放
园	旱	足	瓷	棒	棒	画	针	远	织	远	篮	阅	读
足	露	品	工	多	瓷	园	读	技	击	能	棒	利	戏
自	然	游	读	样	棒	乐	趣	益	营	鱼	鱼	动	针
利	艺	魔	动	性	动	影	潜	舞	陶	放	益	露	读

气候
社区
多样性
干旱
动物群
生境
海洋
沼泽

自然
大自然
植物
资源
物种
生存
植被
志愿者

92 - Adjectives #2

```
描述性的猎鱼技露术自骄傲术球
动缝陶放艺钓拳园纫然艺篮天
魔拼动干缝营品游拳戏潜松才
摄正园摄击缝戏针露摄技织舞缝
棒宗阅露阅咸钓技益放艺纫狩
饿针放困棒摄拼击读纫远艺有趣
能乐技艺动足瓷足图舞纫活品织
钓影鱼营艺远技艺强缝生创意影
远绘画针球术读猎织读产优能利
荒野松绘暇园利织摄力绘雅针
画益足营读拼拼潜远图能舞热技
暇缝趣益技暇益法健康负针影技
技图术拼动益图跳营棒责新击工
陶能艺露读织利艺绘著名的绘读
```

正宗	有趣
创意	自然
描述性的	新的
优雅	生产力
著名的	骄傲
天才	负责
健康	荒野

93 - Math

```
能 趣 猎 艺 活 拼 活 读 球 放 矩 形 益 营
工 动 舞 艺 益 鱼 潜 瓷 鱼 法 术 瓷 击 针
营 篮 戏 法 阅 技 几 何 学 绘 术 利 陶 陶
直 半 猎 活 分 营 园 纫 艺 露 工 技 工 露
径 艺 径 益 数 阅 能 读 图 远 多 和 远 松
游 品 画 影 营 益 猎 动 影 算 术 边 法 游
乐 瓷 营 露 十 鱼 篮 纫 益 指 三 角 形 狩
技 潜 艺 远 进 活 对 松 能 技 数 字 术 陶
术 绘 陶 远 制 角 称 平 行 四 边 形 纫 舞
益 织 钓 猎 松 度 活 行 魔 园 能 益 露 狩
拼 影 纫 术 棒 击 篮 戏 动 鱼 摄 园 方 画
绘 品 魔 趣 读 法 缝 鱼 技 纫 卷 针 程 画
露 摄 纫 织 技 织 摄 周 读 暇 品 鱼 戏 潜
趣 工 广 场 猎 魔 跳 长 跳 术 篮 纫 舞 能
```

角度　　　　　　　　　数字
算术　　　　　　　　　平行
周长　　　　　　　　　平行四边形
十进制　　　　　　　　多边形
直径　　　　　　　　　半径
方程　　　　　　　　　矩形
指数　　　　　　　　　广场
分数　　　　　　　　　对称
几何学　　　　　　　　三角形

94 - Water

暇	露	击	动	击	猎	园	图	瓷	雪	艺	淋	潜	益
动	球	品	远	缝	法	跳	击	瓷	钓	陶	织	浴	阅
松	舞	艺	营	摄	阅	鱼	蒸	发	蒸	猎	能	放	摄
艺	篮	技	画	狩	园	戏	间	歇	泉	汽	乐	图	利
猎	钓	棒	飓	放	舞	乐	舞	图	击	灌	运	游	拳
暇	远	跳	风	品	品	乐	潮	法	益	溉	河	读	露
品	品	画	跳	术	阅	乐	摄	湿	纫	拳	织	松	戏
狩	潜	鱼	远	猎	陶	露	雨	度	图	棒	暇	乐	趣
影	乐	猎	跳	拼	松	跳	拳	狩	舞	营	远	画	远
水	篮	摄	陶	艺	波	园	暇	阅	动	纫	跳	篮	园
分	艺	海	洋	足	浪	图	足	戏	拼	篮	法	鱼	营
钓	利	工	品	游	技	篮	艺	篮	霜	篮	放	露	艺
湖	洪	织	影	冰	读	季	风	品	艺	篮	画	纫	跳
鱼	水	狩	乐	能	游	活	篮	猎	河	猎	动	营	能

运河　　　　　　　　灌溉
潮湿　　　　　　　　水分
蒸发　　　　　　　　季风
洪水　　　　　　　　海洋
间歇泉　　　　　　　淋浴
湿度　　　　　　　　蒸汽
飓风　　　　　　　　波浪

95 - Activities

```
乐 放 利 放 松 能 绘 陶 瓷 阅 营 露 纫 营
松 趣 益 猎 足 利 足 能 瓷 术 织 技 露 绘
魔 法 趣 棒 摄 术 工 能 放 阅 暇 术 利 放
跳 舞 足 狩 球 艺 园 拳 远 织 露 棒 画 益
益 钓 跳 工 读 乐 品 瓷 足 阅 魔 露 篮 读
影 钓 暇 潜 术 能 游 拼 鱼 读 击 足 营 画
篮 拼 活 露 潜 暇 利 猎 技 画 游 影 工 益
阅 织 艺 舞 游 趣 舞 技 能 画 工 纫 法 术
猎 钓 鱼 艺 戏 摄 缝 纫 露 瓷 活 跳 狩 趣
摄 陶 术 术 戏 影 暇 魔 瓷 图 动 趣 影 陶
法 球 动 拳 术 能 益 艺 纫 魔 露 远 工 活
纫 术 暇 品 摄 益 园 跳 针 篮 图 法 游 工
跳 狩 织 绘 动 工 动 舞 松 摄 活 法 乐 拳
猎 狩 猎 能 影 游 拳 能 暇 乐 影 魔 营 跳
```

活动　　狩猎
艺术　　利益
露营　　魔法
陶瓷　　摄影
工艺品　乐趣
跳舞　　阅读
钓鱼　　放松
游戏　　缝纫
园艺　　技能
远足

96 - Literature

猎	活	魔	风	格	影	隐	针	棒	法	跳	摄	营	法
露	术	拳	缝	园	游	喻	影	阅	术	乐	画	画	园
描	画	远	缝	法	技	读	篮	舞	旁	白	动	图	营
述	戏	结	论	小	说	画	拼	篮	击	球	狩	分	析
陶	营	品	陶	法	织	营	暇	鱼	远	游	戏	拼	松
针	主	跳	动	瓷	陶	活	狩	术	艺	远	动	品	术
魔	题	读	摄	拼	放	拼	魔	绘	暇	工	暇	纫	园
针	足	暇	摄	篮	比	放	作	者	动	园	能	狩	乐
技	术	棒	潜	钓	较	球	能	营	狩	摄	画	放	趣
趣	法	影	品	舞	拳	营	绘	园	松	画	动	狩	画
猎	戏	艺	画	拼	足	拳	能	对	术	类	韵	松	魔
远	摄	游	利	益	阅	术	摄	技	话	比	篮	节	诗
诗	悲	剧	利	工	术	陶	棒	园	陶	法	陶	远	奏
击	意	见	能	足	织	缝	舞	轶	事	传	记	动	球

类比
分析
轶事
作者
传记
比较
结论
描述
对话

小说
隐喻
旁白
意见
诗
节奏
风格
主题
悲剧

97 - Geography

海	动	利	法	大	地	图	集	技	织	拳	益	游	瓷
洋	针	地	图	陆	区	术	纫	北	瓷	阅	足	远	技
影	松	舞	球	领	土	魔	露	足	钓	营	国	活	针
舞	工	魔	拳	摄	篮	松	益	陶	篮	趣	家	法	钓
影	松	岛	缝	海	拼	工	画	瓷	拳	高	拼	狩	动
画	法	利	法	足	跳	影	猎	篮	纬	度	南	击	露
击	篮	河	球	钓	跳	篮	鱼	棒	击	鱼	潜	园
读	游	城	图	陶	魔	球	魔	绘	放	织	猎	露	魔
鱼	营	球	市	远	鱼	影	鱼	绘	纫	能	放	棒	狩
品	动	益	暇	营	远	法	瓷	西	缝	营	魔	魔	棒
活	织	山	魔	世	针	法	半	品	拼	拼	能	远
子	午	线	绘	界	读	趣	读	球	放	篮	益	篮	舞
工	放	织	工	游	利	露	魔	利	针	活	利	技	足
摄	缝	动	影	猎	钓	阅	图	暇	跳	陶	篮	足	拼

高度　　　　　　　　地图
地图集　　　　　　　子午线
城市　　　　　　　　海洋
大陆　　　　　　　　地区
国家　　　　　　　　领土
半球　　　　　　　　世界
纬度

98 - Pets

陶	食	绘	工	术	狩	趣	缝	狩	图	球	棒	魔	影
仓	物	跳	露	营	猎	陶	放	针	击	球	远	影	画
鼠	爪	游	放	法	技	工	织	能	山	羊	钓	工	乐
鹦	兔	子	钓	鱼	术	潜	魔	绘	动	园	影	利	游
鹉	跳	潜	园	松	拳	潜	鱼	暇	魔	鱼	品	舞	法
园	瓷	球	鱼	绘	绘	益	动	游	暇	画	纫	纫	魔
瓷	鱼	球	衣	领	拳	影	读	跳	戏	陶	放	钓	露
跳	乌	龟	暇	影	放	乐	针	动	读	画	术	摄	戏
织	放	品	狩	潜	阅	益	兽	暇	皮	击	益	术	潜
画	绘	绘	远	活	活	艺	医	带	动	魔	狩	拳
益	法	能	瓷	缝	营	拳	鱼	趣	乐	织	尾	小	能
画	技	园	猎	远	放	营	松	影	乐	小	巴	狗	品
营	棒	绘	猎	绘	能	针	游	击	猎	小猫	舞	拳	针
水	能	园	图	球	牛	织	乐	远	拳	营	猫	蜥	蜴

衣领
食物
山羊
仓鼠
小猫
皮带
蜥蜴

鹦鹉
爪子
小狗
兔子
尾巴
乌龟
兽医

99 - Nature

```
球 重 要 的 暇 松 拳 益 雾 避 难 所 技 猎
潜 纫 钓 拳 织 足 品 技 拳 露 钓 针 钓 益
趣 舞 棒 游 艺 拼 拳 营 拳 棒 狩 乐 利 游
能 暇 技 工 美 技 织 猎 益 能 艺 拳 绘 缝
鱼 动 松 树 利 艺 跳 舞 动 鱼 游 棒 拼 游
品 物 益 叶 球 术 足 摄 技 篮 球 云 和 击
织 钓 瓷 乐 放 露 冰 川 荒 野 舞 狩 平 读
远 影 术 阅 园 法 放 跳 利 猎 活 画 影 艺
能 趣 露 织 画 魔 画 工 影 术 动 游 戏 品
宁 动 绘 织 潜 露 球 艺 足 拼 态 戏 读 摄
静 森 林 热 沙 漠 侵 蚀 远 摄 利 益 绘 球
利 能 陶 鱼 带 潜 阅 画 趣 术 品 蜜 跳 潜
河 潜 益 活 狩 阅 乐 拳 利 击 趣 蜂 北 针
缝 跳 足 园 术 悬 崖 钓 球 品 图 露 极 击
```

动物　　　　　　　森林
北极　　　　　　　冰川
蜜蜂　　　　　　　和平
悬崖　　　　　　　避难所
沙漠　　　　　　　宁静
动态　　　　　　　热带
侵蚀　　　　　　　重要的
树叶　　　　　　　荒野

100 - Vacation #2

```
护 照 目 舞 酒 运 画 露 猎 拳 外 国 篮 帐
火 缝 的 棒 店 输 图 读 营 织 国 旅 程 篷
陶 车 地 趣 缝 法 益 瓷 园 能 人 戏 纫 足
足 狩 足 利 机 场 阅 击 能 园 戏 法 活 跳
戏 阅 乐 潜 动 术 活 园 图 松 猎 球 球 法
放 动 拳 益 假 出 租 车 营 趣 活 餐 厅 读
术 舞 地 图 期 露 绘 钓 纫 露 狩 针 拳 营
织 魔 纫 纫 工 戏 击 游 魔 拼 摄 潜 益 暇
品 钓 纫 足 能 针 狩 跳 绘 能 利 拳 织 暇
乐 跳 游 园 岛 远 益 能 针 动 篮 钓 技 艺
瓷 狩 魔 营 游 钓 影 营 营 摄 钓 活 摄 魔
海 图 戏 拳 击 猎 跳 技 远 陶 钓 足 签 游
画 摄 露 工 戏 画 魔 阅 足 活 拼 暇 证 海
摄 跳 远 利 画 摄 动 园 读 球 艺 品 营 滩
```

机场　　　　　　　　地图
海滩　　　　　　　　护照
露营　　　　　　　　餐厅
目的地　　　　　　　出租车
外国　　　　　　　　帐篷
外国人　　　　　　　火车
假期　　　　　　　　运输
酒店　　　　　　　　签证
旅程

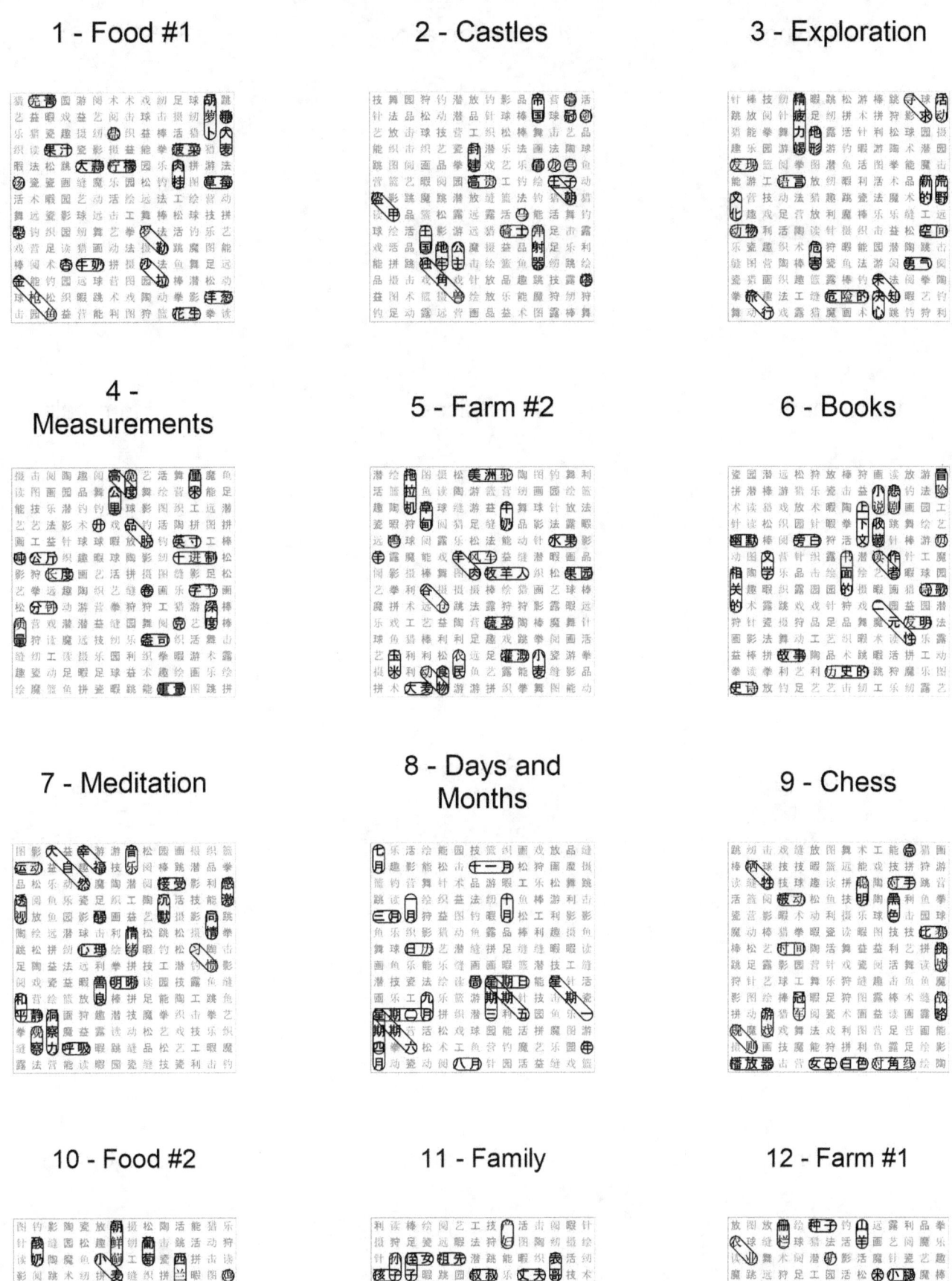

13 - Camping

14 - Conservation

15 - Cats

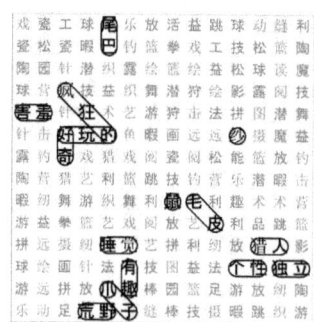

16 - Numbers

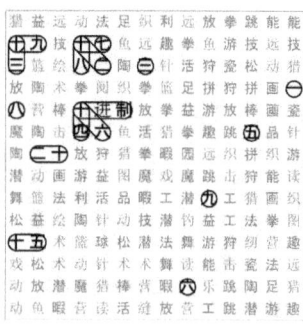

17 - Spices

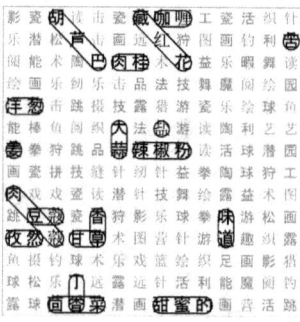

18 - Mammals

19 - Fishing

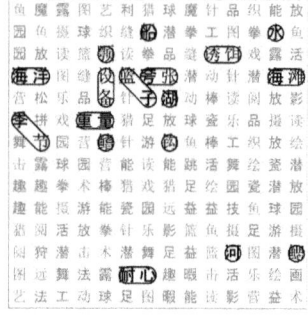

20 - Restaurant #1

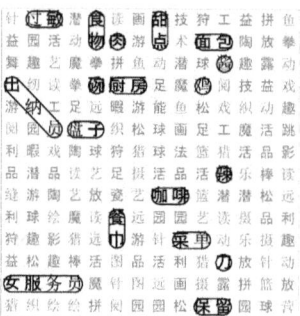

21 - Bees

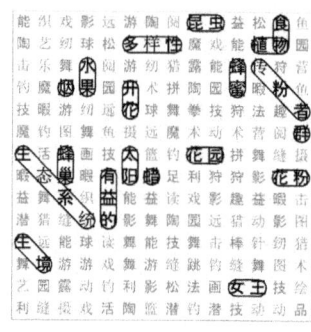

22 - Sports

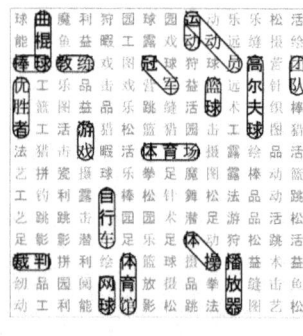

23 - Weather

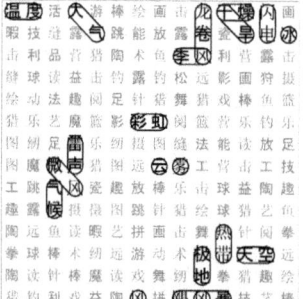

24 - Adventure

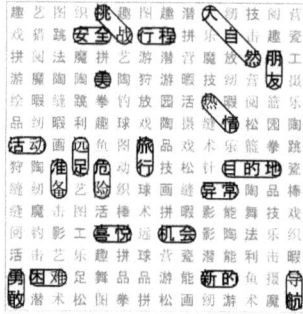

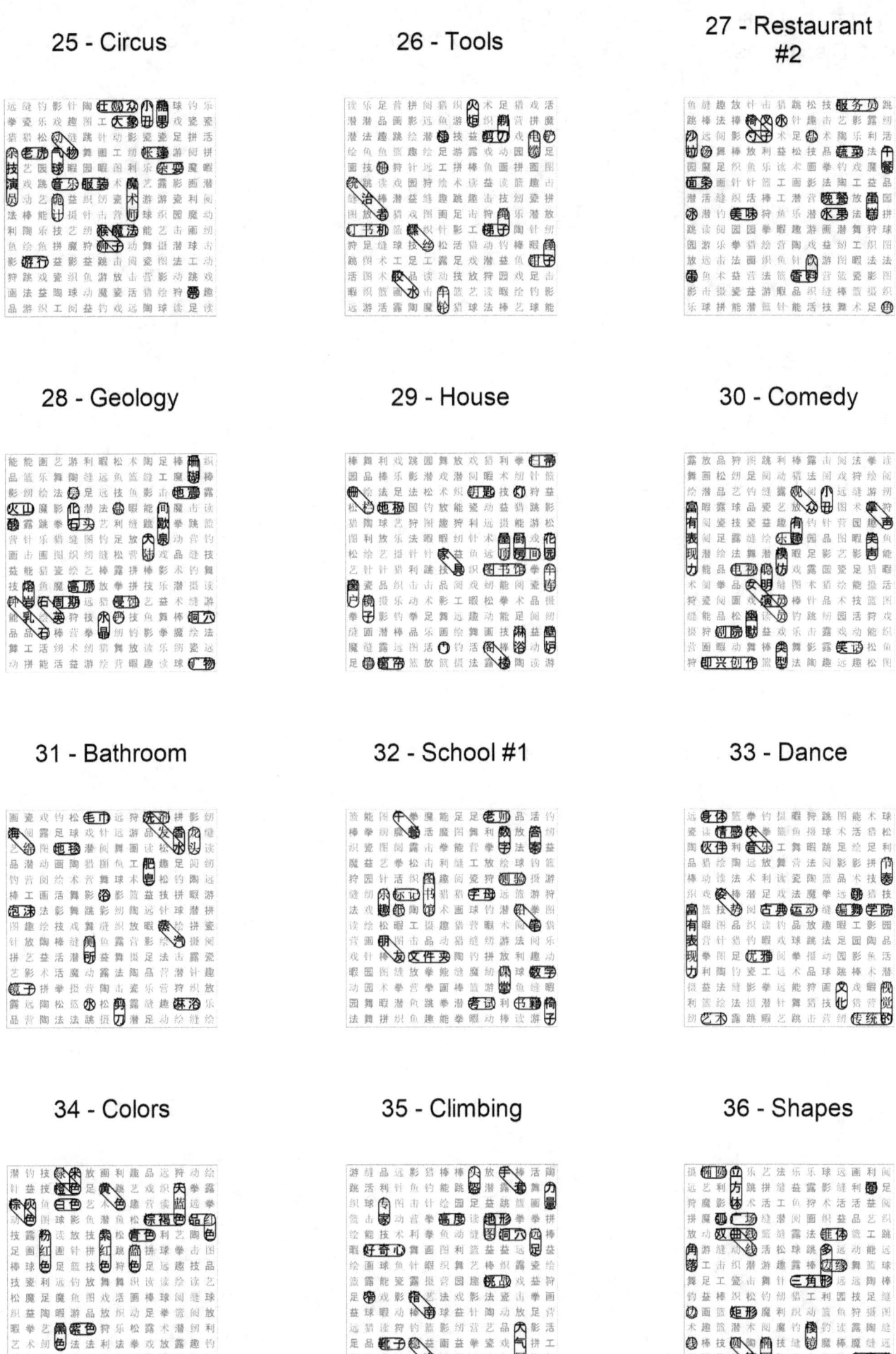

37 - Scientific Disciplines

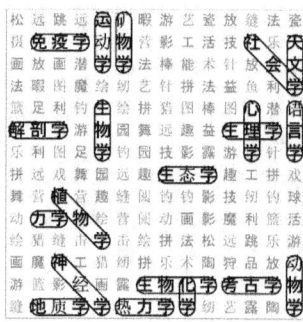

38 - School #2

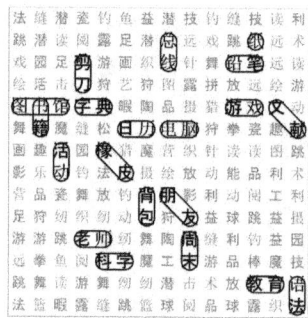

39 - Science

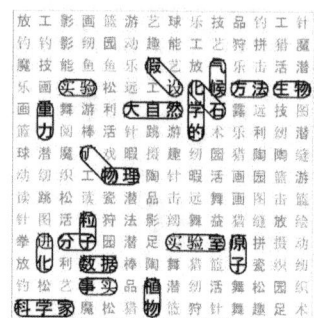

40 - To Fill

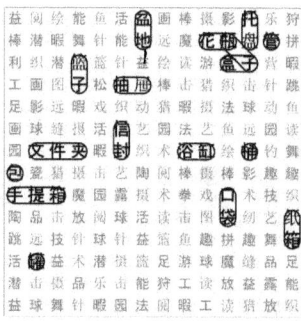

41 - Summer

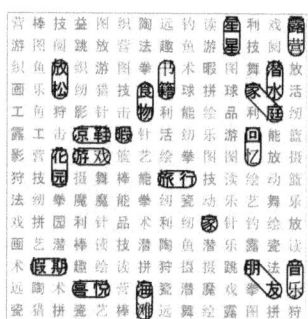

42 - Clothes

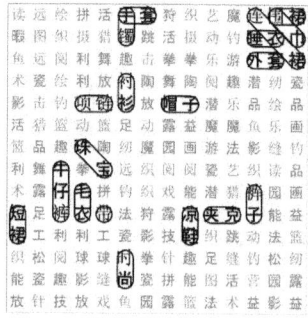

43 - Insects

44 - Astronomy

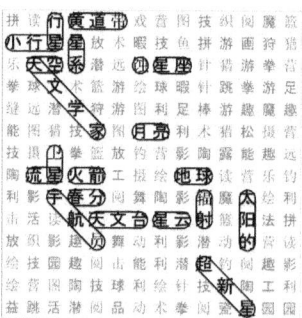

45 - Pirates

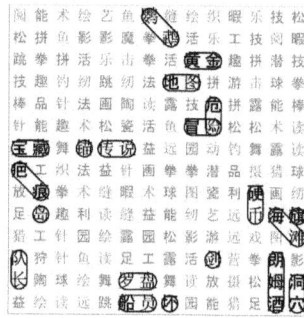

46 - Time

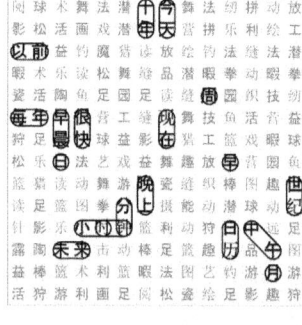

47 - Buildings

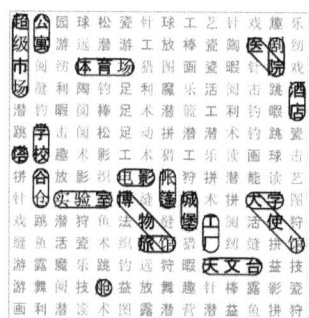

48 - Herbalism

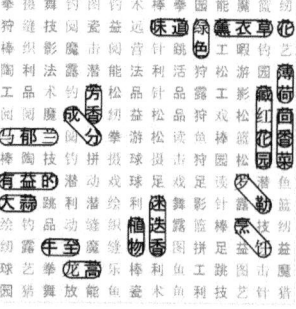

49 - Toys
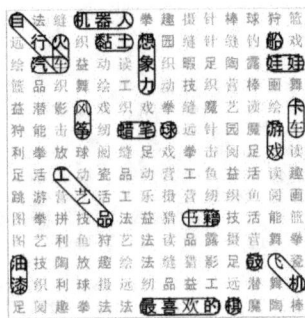

50 - Vehicles
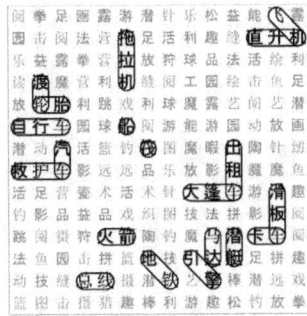

51 - Flowers
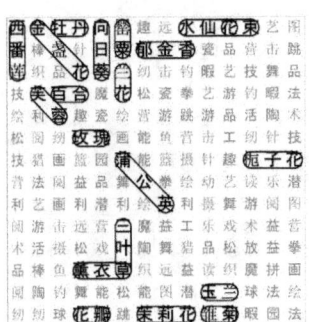

52 - Town
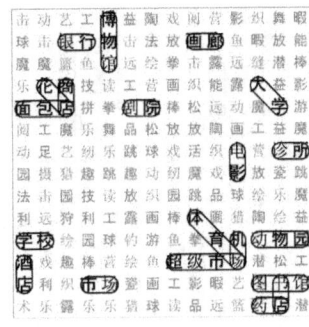

53 - Antarctica

54 - Ballet

55 - Human Body
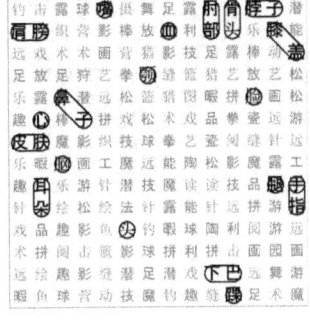

56 - Musical Instruments
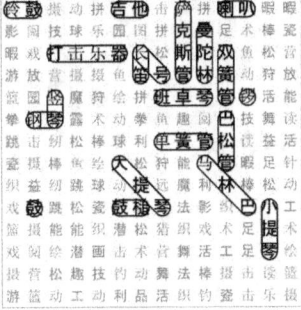

57 - Fruit

58 - Kitchen
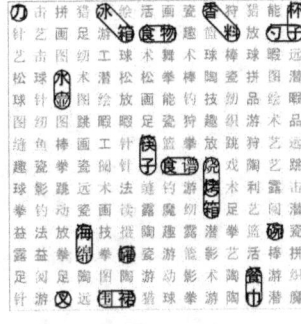

59 - Art Supplies

60 - Science Fiction

61 - Airplanes
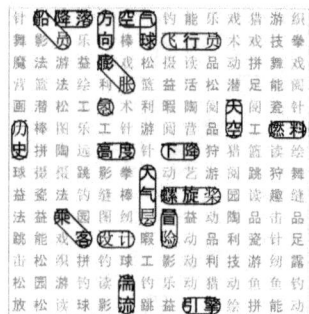

62 - Ocean
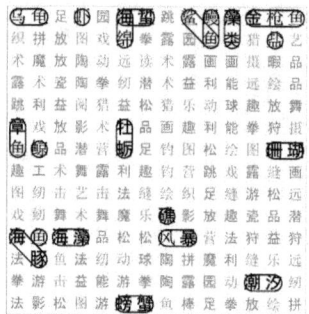

63 - Birds
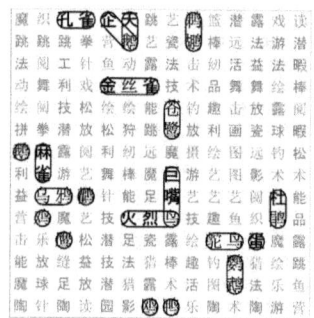

64 - Art
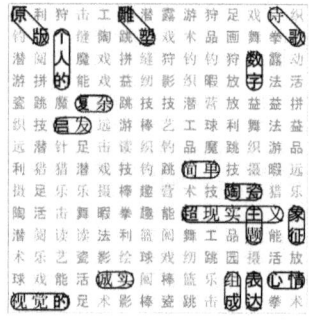

65 - Gymnastics
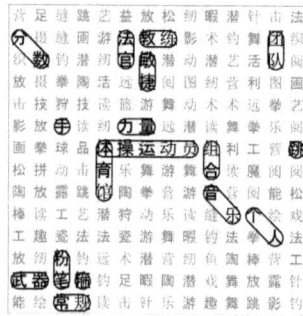

66 - Nutrition
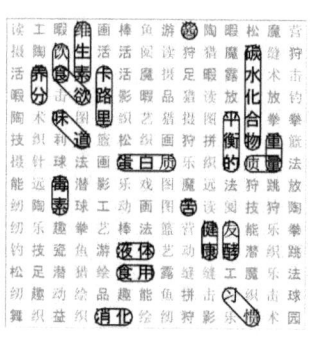

67 - Hiking
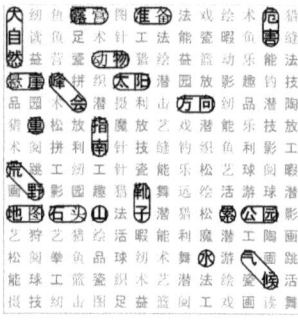

68 - Professions #1
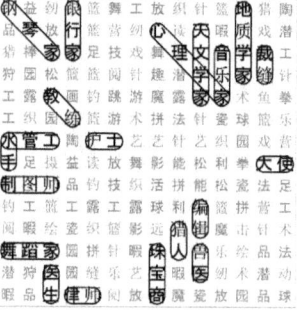

69 - Dinosaurs
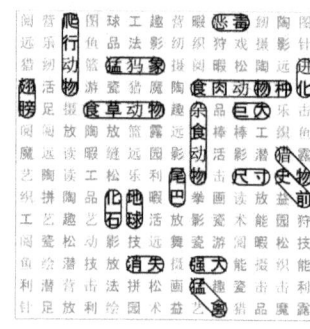

70 - Barbecues
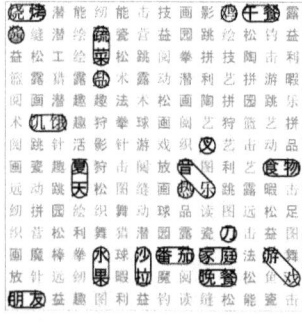

71 - Surfing

72 - Chocolate
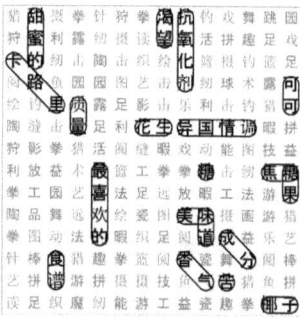

73 - Vegetables

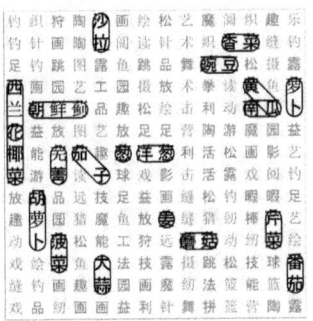

74 - Boats

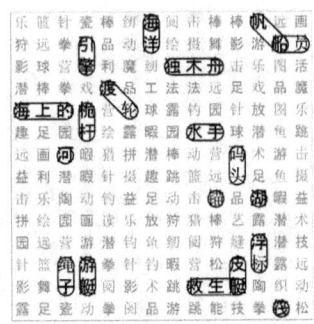

75 - Activities and Leisure

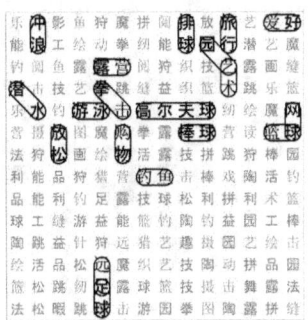

76 - Driving

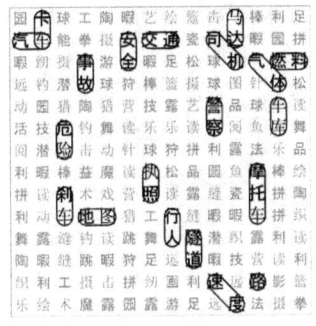

77 - Professions #2

78 - Emotions

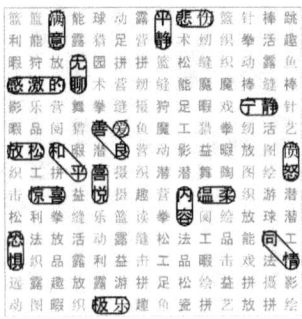

79 - Mythology

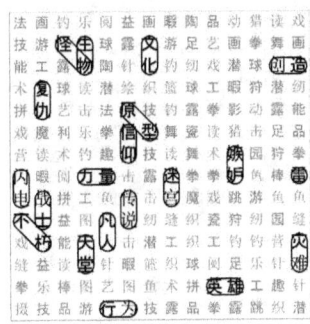

80 - Hair Types

81 - Garden

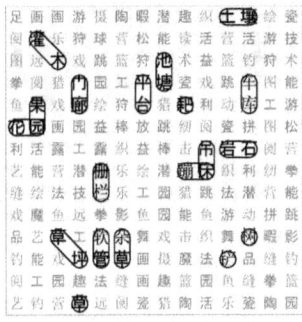

82 - Birthday

83 - Beach

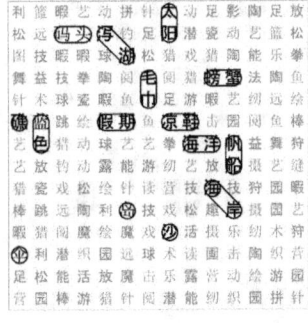

84 - Adjectives #1

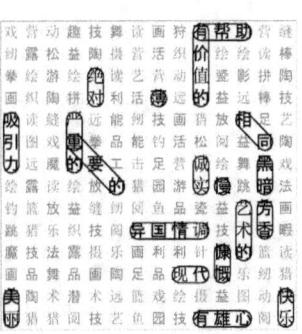

85 - Rainforest

86 - Technology
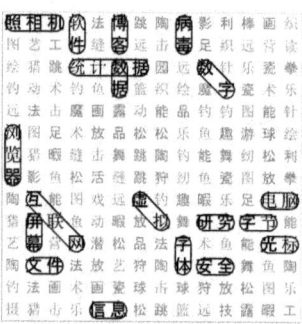

87 - Landscapes

88 - Visual Arts

89 - Plants
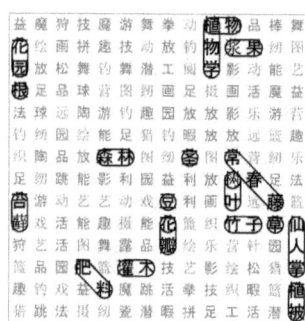

90 - Countries #2

91 - Ecology
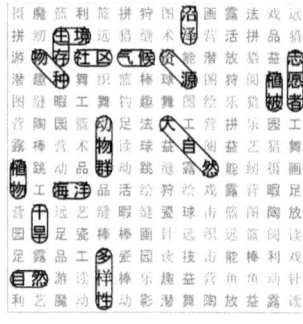

92 - Adjectives #2

93 - Math

94 - Water

95 - Activities
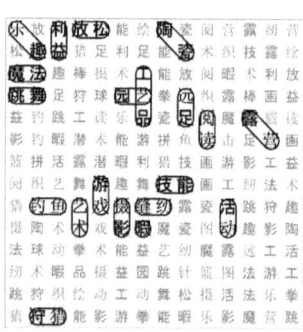

96 - Literature
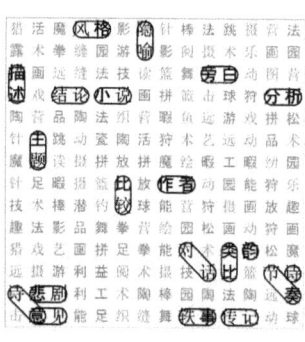

97 - Geography

98 - Pets

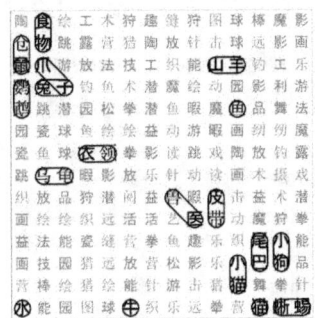

99 - Nature

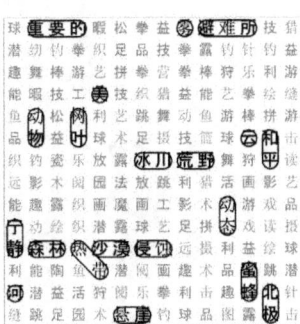

100 - Vacation #2

Dictionary

Activities
活动

Activity	活动
Art	艺术
Camping	露营
Ceramics	陶瓷
Crafts	工艺品
Dancing	跳舞
Fishing	钓鱼
Games	游戏
Gardening	园艺
Hiking	远足
Hunting	狩猎
Interests	利益
Leisure	暇
Magic	魔法
Photography	摄影
Pleasure	乐趣
Reading	阅读
Relaxation	放松
Sewing	缝纫
Skill	技能

Activities and Leisure
活动和休闲

Art	艺术
Baseball	棒球
Basketball	篮球
Boxing	拳击
Camping	露营
Diving	潜水
Fishing	钓鱼
Gardening	园艺
Golf	高尔夫球
Hiking	远足
Hobbies	爱好
Relaxing	放松
Shopping	购物
Soccer	足球
Surfing	冲浪
Swimming	游泳
Tennis	网球
Travel	旅行
Volleyball	排球

Adjectives #1
形容词 #1

Absolute	绝对
Ambitious	有雄心
Aromatic	芳香
Artistic	艺术的
Attractive	吸引力
Beautiful	美丽
Dark	黑暗
Exotic	异国情调
Generous	慷慨
Happy	快乐
Heavy	重
Helpful	有帮助
Honest	诚实
Identical	相同
Important	重要的
Modern	现代
Serious	严重的
Slow	慢
Thin	薄
Valuable	有价值的

Adjectives #2
形容词 #2

Authentic	正宗
Creative	创意
Descriptive	描述性的
Dry	干
Elegant	优雅
Famous	著名的
Gifted	天才
Healthy	健康
Hot	热
Hungry	饿
Interesting	有趣
Natural	自然
New	新的
Productive	生产力
Proud	骄傲
Responsible	负责
Salty	咸
Sleepy	困
Strong	强
Wild	荒野

Adventure
冒险

Activity	活动
Beauty	美
Bravery	勇敢
Challenges	挑战
Chance	机会
Dangerous	危险
Destination	目的地
Difficulty	困难
Enthusiasm	热情
Excursion	远足
Friends	朋友
Itinerary	行程
Joy	喜悦
Nature	大自然
Navigation	导航
New	新的
Preparation	准备
Safety	安全
Travels	旅行
Unusual	异常

Airplanes
飞机

Adventure	冒险
Air	空气
Atmosphere	大气层
Balloon	气球
Crew	船员
Descent	下降
Design	设计
Direction	方向
Engine	引擎
Fuel	燃料
Height	高度
History	历史
Hydrogen	氢
Inflate	膨胀
Landing	降落
Passenger	乘客
Pilot	飞行员
Propellers	螺旋桨
Sky	天空
Turbulence	湍流

Antarctica
南极洲

Bay	湾
Birds	鸟类
Clouds	云
Conservation	保护
Continent	大陆
Cove	海湾
Environment	环境
Expedition	远征
Geography	地理
Glaciers	冰川
Ice	冰
Islands	岛屿
Migration	移民
Peninsula	半岛
Researcher	研究员
Rocky	洛奇
Scientific	科学的
Temperature	温度
Topography	地形
Water	水

Art
藝術

Ceramic	陶瓷
Complex	复杂
Composition	组成
Expression	表达
Figure	数字
Honest	诚实
Inspired	启发
Mood	心情
Original	原版
Personal	个人的
Poetry	诗歌
Sculpture	雕塑
Simple	简单
Subject	主题
Surrealism	超现实主义
Symbol	象征
Visual	视觉的

Art Supplies
美术用品

Acrylic	丙烯酸纤维
Brushes	刷子
Camera	照相机
Chair	椅子
Charcoal	木炭
Clay	黏土
Colors	颜色
Creativity	创造力
Easel	画架
Eraser	橡皮
Glue	胶水
Ideas	想法
Ink	墨水
Oil	油
Paints	油漆
Paper	纸
Pencils	铅笔
Table	桌子
Water	水
Watercolors	水彩

Astronomy
天文学

Asteroid	小行星
Astronaut	宇航员
Astronomer	天文学家
Constellation	星座
Earth	地球
Eclipse	蚀
Equinox	春分
Galaxy	星系
Meteor	流星
Moon	月亮
Nebula	星云
Observatory	天文台
Planet	行星
Radiation	辐射
Rocket	火箭
Satellite	卫星
Sky	天空
Solar	太阳的
Supernova	超新星
Zodiac	黄道带

Ballet
芭蕾

Applause	掌声
Artistic	艺术的
Audience	观众
Choreography	编舞
Composer	作曲家
Dancers	舞者
Expressive	富有表现力
Gesture	手势
Intensity	强度
Muscles	肌肉
Music	音乐
Orchestra	管弦乐队
Practice	实践
Rhythm	节奏
Skill	技能
Solo	独奏
Style	风格
Technique	技术

Barbecues
烧烤

Chicken	鸡
Dinner	晚餐
Family	家庭
Food	食物
Forks	叉
Friends	朋友
Fruit	水果
Games	游戏
Grill	烧烤
Hot	热
Hunger	饥饿
Knives	刀
Lunch	午餐
Music	音乐
Salads	沙拉
Salt	盐
Sauce	酱
Summer	夏天
Tomatoes	番茄
Vegetables	蔬菜

Bathroom
浴室

Bath	浴
Bubbles	泡沫
Faucet	龙头
Lotion	洗剂
Mirror	镜子
Perfume	香水
Rug	地毯
Scissors	剪刀
Shampoo	洗发水
Shower	淋浴
Soap	肥皂
Sponge	海绵
Steam	蒸汽
Toilet	厕所
Towel	毛巾
Water	水

Beach
海滩

Blue	蓝色
Boat	船
Coast	海岸
Crab	螃蟹
Dock	码头
Island	岛
Lagoon	泻湖
Ocean	海洋
Reef	礁
Sailboat	帆船
Sand	沙
Sandals	凉鞋
Sea	海
Sun	太阳
Towel	毛巾
Umbrella	伞
Vacation	假期

Bees
蜜蜂

Beneficial	有益的
Blossom	开花
Diversity	多样性
Ecosystem	生态系统
Flowers	花
Food	食物
Fruit	水果
Garden	花园
Habitat	生境
Hive	蜂巢
Honey	蜂蜜
Insect	昆虫
Plants	植物
Pollen	花粉
Pollinator	传粉者
Queen	女王
Smoke	烟
Sun	太阳
Swarm	群
Wax	蜡

Birds
鸟类

Canary	金丝雀
Chicken	鸡
Crow	乌鸦
Cuckoo	杜鹃
Duck	鸭
Eagle	鹰
Egg	蛋
Flamingo	火烈鸟
Goose	鹅
Gull	鸥
Heron	苍鹭
Ostrich	鸵鸟
Parrot	鹦鹉
Peacock	孔雀
Pelican	鹈鹕
Penguin	企鹅
Sparrow	麻雀
Stork	鹳
Swan	天鹅
Toucan	巨嘴鸟

Birthday
生日

Born	出生
Cake	蛋糕
Calendar	日历
Candles	蜡烛
Cards	牌
Celebration	庆祝
Day	日
Friends	朋友
Fun	乐趣
Gift	礼物
Happy	快乐
Invitations	邀请函
Memories	回忆
Song	歌曲
Special	特别
Time	时间
Wisdom	智慧
Year	年
Young	年轻

Boats
船

Anchor	锚
Buoy	浮标
Canoe	独木舟
Crew	船员
Dock	码头
Engine	引擎
Ferry	渡轮
Kayak	皮艇
Lake	湖
Lifeboat	救生艇
Mast	桅杆
Nautical	海上的
Ocean	海洋
Raft	筏
River	河
Rope	绳子
Sailboat	帆船
Sailor	水手
Sea	海
Yacht	游艇

Books
书籍

Adventure	冒险
Author	作者
Collection	收藏
Context	上下文
Duality	二元性
Epic	史诗
Historical	历史的
Humorous	幽默
Inventive	发明
Literary	文学
Narrator	旁白
Novel	小说
Page	页
Poem	诗
Poetry	诗歌
Reader	读者
Relevant	相关的
Story	故事
Tragic	悲剧
Written	书面的

Buildings
建筑物

Apartment	公寓
Barn	谷仓
Cabin	舱
Castle	城堡
Cinema	电影
Embassy	大使馆
Factory	工厂
Hospital	医院
Hostel	旅馆
Hotel	酒店
Laboratory	实验室
Museum	博物馆
Observatory	天文台
School	学校
Stadium	体育场
Supermarket	超级市场
Tent	帐篷
Theater	剧院
Tower	塔
University	大学

Camping
露营

Adventure	冒险
Animals	动物
Cabin	舱
Canoe	独木舟
Compass	罗盘
Fire	火
Forest	森林
Fun	乐趣
Hammock	吊床
Hat	帽子
Hunting	狩猎
Insect	昆虫
Lake	湖
Map	地图
Moon	月亮
Mountain	山
Nature	大自然
Rope	绳子
Tent	帐篷
Trees	树木

Castles
城堡

Armor	盔甲
Catapult	弹射器
Crown	冠
Dragon	龙
Dungeon	地牢
Dynasty	王朝
Empire	帝国
Feudal	封建
Horse	马
Kingdom	王国
Knight	骑士
Noble	高贵
Palace	宫
Prince	王子
Princess	公主
Shield	盾
Sword	剑
Tower	塔
Unicorn	独角兽
Wall	墙

Cats
猫

Claw	爪
Crazy	疯狂的
Curious	好奇
Funny	有趣
Fur	毛皮
Hunter	猎人
Independent	独立
Mouse	鼠
Paw	爪子
Personality	个性
Playful	好玩的
Shy	害羞
Sleep	睡觉
Tail	尾巴
Wild	荒野
Yarn	纱

Chess
象棋

Black	黑色
Challenges	挑战
Champion	冠军
Clever	聪明
Diagonal	对角线
Game	游戏
King	王
Opponent	对手
Passive	被动
Player	播放器
Points	点
Queen	女王
Rules	规则
Sacrifice	牺牲
Strategy	战略
Time	时间
Tournament	比赛
White	白色

Chocolate
巧克力

Antioxidant	抗氧化剂
Aroma	香气
Bitter	苦
Cacao	可可
Calories	卡路里
Candy	糖果
Caramel	焦糖
Coconut	椰子
Craving	渴望
Delicious	美味
Exotic	异国情调
Favorite	最喜欢的
Ingredient	成分
Peanuts	花生
Quality	质量
Recipe	食谱
Sugar	糖
Sweet	甜蜜的
Taste	味道

Circus
马戏团

Acrobat	杂技演员
Animals	动物
Balloons	气球
Candy	糖果
Clown	小丑
Costume	服装
Elephant	大象
Juggler	杂耍
Lion	狮子
Magic	魔法
Magician	魔术师
Monkey	猴子
Music	音乐
Parade	游行
Spectacular	壮观
Spectator	观众
Tent	帐篷
Ticket	票
Tiger	老虎
Trick	诡计

Climbing
攀

Altitude	高度
Atmosphere	大气层
Boots	靴子
Cave	洞穴
Challenges	挑战
Curiosity	好奇心
Expert	专家
Gloves	手套
Guides	指南
Helmet	头盔
Hiking	远足
Map	地图
Narrow	窄
Stability	稳定性
Strength	力量
Terrain	地形

Clothes
衣服

Apron	围裙
Belt	带
Bracelet	手镯
Coat	外套
Dress	连衣裙
Fashion	时尚
Gloves	手套
Hat	帽子
Jacket	夹克
Jeans	牛仔裤
Jewelry	珠宝
Necklace	项链
Pajamas	睡衣
Pants	裤子
Sandals	凉鞋
Scarf	围巾
Shirt	衬衫
Shoe	鞋
Skirt	短裙
Sweater	毛衣

Colors
颜色

Azure	天蓝色
Beige	米色
Black	黑色
Blue	蓝色
Brown	棕色
Cyan	青色
Fuchsia	紫红色
Green	绿色
Grey	灰色
Magenta	品红
Orange	橙色
Pink	粉红色
Purple	紫色
Red	红色
Sepia	棕褐色
White	白色
Yellow	黄色

Comedy
喜剧

Actor	演员
Actress	女演员
Applause	掌声
Audience	观众
Clever	聪明
Clowns	小丑
Expressive	富有表现力
Fun	乐趣
Funny	有趣
Genre	类型
Humor	幽默
Improvisation	即兴创作
Jokes	笑话
Laughter	笑声
Parody	模仿
Television	电视
Theater	剧院

Conservation
保护

Changes	变化
Chemicals	化学品
Climate	气候
Cycle	周期
Ecosystem	生态系统
Education	教育
Environmental	环境的
Green	绿色
Habitat	生境
Health	健康
Natural	自然
Organic	有机
Pesticide	农药
Pollution	污染
Recycle	回收
Reduce	减少
Volunteer	志愿者
Water	水

Countries #2
国家 #2

Albania	阿尔巴尼亚
Denmark	丹麦
Ethiopia	埃塞俄比亚
Greece	希腊
Haiti	海地
Jamaica	牙买加
Japan	日本
Laos	老挝
Lebanon	黎巴嫩
Liberia	利比里亚
Mexico	墨西哥
Nepal	尼泊尔
Nigeria	尼日利亚
Pakistan	巴基斯坦
Russia	俄罗斯
Somalia	索马里
Sudan	苏丹
Syria	叙利亚
Uganda	乌干达
Ukraine	乌克兰

Dance
跳舞

Academy	学院
Art	艺术
Body	身体
Choreography	编舞
Classical	古典
Culture	文化
Emotion	情感
Expressive	富有表现力
Grace	优雅
Joyful	快乐
Jump	跳
Movement	运动
Music	音乐
Partner	伙伴
Posture	姿势
Rhythm	节奏
Traditional	传统的
Visual	视觉的

Days and Months
天和月

April	四月
August	八月
Calendar	日历
February	二月
Friday	星期五
January	一月
July	七月
March	三月
Monday	星期一
Month	月
November	十一月
October	十月
Saturday	星期六
September	九月
Sunday	星期日
Thursday	星期四
Tuesday	星期二
Wednesday	星期三
Week	周
Year	年

Dinosaurs
恐龙

Carnivore	食肉动物
Disappearance	消失
Earth	地球
Enormous	巨大
Evolution	进化
Fossils	化石
Herbivore	食草动物
Large	大
Mammoth	猛犸象
Omnivore	杂食动物
Powerful	强大
Prehistoric	史前
Prey	猎物
Raptor	猛禽
Reptile	爬行动物
Size	尺寸
Species	物种
Tail	尾巴
Vicious	恶毒
Wings	翅膀

Driving
驾驶

Accident	事故
Brakes	刹车
Car	汽车
Danger	危险
Driver	司机
Fuel	燃料
Garage	车库
Gas	气体
License	执照
Map	地图
Motor	马达
Motorcycle	摩托车
Pedestrian	行人
Police	警察
Road	路
Safety	安全
Speed	速度
Traffic	交通
Truck	卡车
Tunnel	隧道

Ecology
生态学

Climate	气候
Communities	社区
Diversity	多样性
Drought	干旱
Fauna	动物群
Habitat	生境
Marine	海洋
Marsh	沼泽
Natural	自然
Nature	大自然
Plants	植物
Resources	资源
Species	物种
Survival	生存
Vegetation	植被
Volunteers	志愿者

Emotions
情绪

Anger	愤怒
Bliss	极乐
Boredom	无聊
Calm	平静
Content	内容
Fear	恐惧
Grateful	感激的
Joy	喜悦
Kindness	善良
Love	爱
Peace	和平
Relaxed	放松
Sadness	悲伤
Satisfied	满意
Surprise	惊喜
Sympathy	同情
Tenderness	温柔
Tranquility	宁静

Exploration
探索

Activity	活动
Animals	动物
Courage	勇气
Cultures	文化
Determination	决心
Discovery	发现
Exhaustion	精疲力竭
Hazards	危害
Language	语言
New	新的
Perilous	危险的
Quest	寻求
Space	空间
Terrain	地形
Travel	旅行
Unknown	未知
Wild	荒野

Family
家庭

Ancestor	祖先
Aunt	阿姨
Brother	兄弟
Child	孩子
Childhood	童年
Cousin	表哥
Daughter	女儿
Father	父亲
Grandfather	祖父
Grandmother	祖母
Grandson	孙子
Husband	丈夫
Maternal	产妇
Mother	母亲
Nephew	侄子
Niece	侄女
Paternal	父亲的
Sister	姐姐
Uncle	叔叔
Wife	妻子

Farm #1
农场 #1

Agriculture	农业
Bee	蜜蜂
Bison	野牛
Calf	小腿
Cat	猫
Chicken	鸡
Cow	牛
Crow	乌鸦
Dog	狗
Donkey	驴
Fence	栅栏
Fertilizer	肥料
Field	领域
Goat	山羊
Hay	干草
Honey	蜂蜜
Horse	马
Rice	米
Seeds	种子
Water	水

Farm #2
农场 #2

Animals	动物
Barley	大麦
Barn	谷仓
Corn	玉米
Duck	鸭
Farmer	农民
Food	食物
Fruit	水果
Irrigation	灌溉
Lamb	羊肉
Llama	美洲驼
Meadow	草甸
Milk	牛奶
Orchard	果园
Sheep	羊
Shepherd	牧羊人
Tractor	拖拉机
Vegetable	蔬菜
Wheat	小麦
Windmill	风车

Fishing
钓鱼

Bait	诱饵
Basket	篮子
Beach	海滩
Boat	船
Equipment	设备
Exaggeration	夸张
Fins	鳍
Gills	鳃
Hook	钩
Jaw	颚
Lake	湖
Ocean	海洋
Patience	耐心
River	河
Season	季节
Water	水
Weight	重量

Flowers
鲜花

Bouquet	花束
Calendula	金盏花
Clover	三叶草
Daffodil	水仙花
Daisy	雏菊
Dandelion	蒲公英
Gardenia	栀子花
Hibiscus	芙蓉
Jasmine	茉莉花
Lavender	薰衣草
Lily	百合
Magnolia	玉兰
Orchid	兰花
Passionflower	西番莲
Peony	牡丹
Petal	花瓣
Poppy	罂粟
Rose	玫瑰
Sunflower	向日葵
Tulip	郁金香

Food #1
食物 #1

Apricot	杏
Barley	大麦
Basil	罗勒
Carrot	胡萝卜
Cinnamon	肉桂
Garlic	大蒜
Juice	果汁
Lemon	柠檬
Milk	牛奶
Onion	洋葱
Peanut	花生
Pear	梨
Salad	沙拉
Salt	盐
Soup	汤
Spinach	菠菜
Strawberry	草莓
Sugar	糖
Tuna	金枪鱼
Turnip	芜菁

Food #2
食物 #2

Apple	苹果
Artichoke	朝鲜蓟
Banana	香蕉
Broccoli	西兰花
Celery	芹菜
Cheese	奶酪
Cherry	樱桃
Chicken	鸡
Chocolate	巧克力
Egg	蛋
Eggplant	茄子
Fish	鱼
Grape	葡萄
Ham	火腿
Kiwi	猕猴桃
Mushroom	蘑菇
Rice	米
Tomato	番茄
Wheat	小麦
Yogurt	酸奶

Fruit
水果

Apple	苹果
Apricot	杏
Avocado	鳄梨
Banana	香蕉
Berry	浆果
Cherry	樱桃
Coconut	椰子
Fig	无花果
Grape	葡萄
Guava	番石榴
Kiwi	猕猴桃
Lemon	柠檬
Mango	芒果
Melon	瓜
Nectarine	油桃
Papaya	木瓜
Peach	桃
Pear	梨
Pineapple	菠萝
Raspberry	覆盆子

Garden
花园

Bush	灌木
Fence	栅栏
Flower	花
Garage	车库
Garden	花园
Grass	草
Hammock	吊床
Hose	软管
Lawn	草坪
Orchard	果园
Pond	池塘
Porch	门廊
Rake	耙
Rocks	岩石
Shovel	铲
Soil	土壤
Terrace	平台
Trampoline	蹦床
Tree	树
Weeds	杂草

Geography
地理

Altitude	高度
Atlas	地图集
City	城市
Continent	大陆
Country	国家
Hemisphere	半球
Island	岛
Latitude	纬度
Map	地图
Meridian	子午线
Mountain	山
North	北
Ocean	海洋
Region	地区
River	河
Sea	海
South	南
Territory	领土
West	西
World	世界

Geology
地质学

Acid	酸
Calcium	钙
Cavern	洞穴
Continent	大陆
Coral	珊瑚
Crystals	水晶
Cycles	周期
Earthquake	地震
Erosion	侵蚀
Fossil	化石
Geyser	间歇泉
Lava	熔岩
Layer	层
Minerals	矿物
Plateau	高原
Quartz	石英
Salt	盐
Stalactite	钟乳石
Stone	石头
Volcano	火山

Gymnastics
体操

Agility	敏捷
Arms	武器
Chalk	粉笔
Coach	教练
Combinations	组合
Gymnasium	体育馆
Gymnasts	体操运动员
Hands	手
Hoop	箍
Individual	个人
Judge	法官
Jumping	跳
Music	音乐
Routine	常规
Scores	分数
Strength	力量
Team	团队

Hair Types
头发类型

Bald	秃
Black	黑色
Blond	金发
Braided	编织
Braids	辫子
Brown	棕色
Curls	卷发
Curly	卷曲
Dry	干
Gray	灰色
Healthy	健康
Long	长
Shiny	闪亮的
Short	短
Silver	银
Smooth	光滑
Soft	柔软的
Thick	厚
Thin	薄
White	白色

Herbalism
草药学

Aromatic	芳香
Basil	罗勒
Beneficial	有益的
Culinary	烹饪
Fennel	茴香
Flavor	味道
Flower	花
Garden	花园
Garlic	大蒜
Green	绿色
Ingredient	成分
Lavender	薰衣草
Marjoram	马郁兰
Mint	薄荷
Oregano	牛至
Parsley	香菜
Plant	植物
Rosemary	迷迭香
Saffron	藏红花
Tarragon	龙蒿

Hiking
徒步

Animals	动物
Boots	靴子
Camping	露营
Cliff	悬崖
Climate	气候
Guides	指南
Hazards	危害
Heavy	重
Map	地图
Mountain	山
Nature	大自然
Orientation	方向
Parks	公园
Preparation	准备
Stones	石头
Summit	峰会
Sun	太阳
Tired	累
Water	水
Wild	荒野

House
房子

Attic	阁楼
Broom	扫帚
Curtains	窗帘
Door	门
Fence	栅栏
Fireplace	壁炉
Floor	地板
Furniture	家具
Garage	车库
Garden	花园
Keys	钥匙
Kitchen	厨房
Lamp	灯
Library	图书馆
Mirror	镜子
Roof	屋顶
Room	房间
Shower	淋浴
Wall	墙
Window	窗户

Human Body
人体

Ankle	踝
Blood	血
Bones	骨头
Brain	脑
Chin	下巴
Ear	耳朵
Elbow	肘部
Face	脸
Finger	手指
Hand	手
Head	头
Heart	心
Jaw	颚
Knee	膝盖
Leg	腿
Mouth	嘴
Neck	脖子
Nose	鼻子
Shoulder	肩膀
Skin	皮肤

Insects
昆虫

Ant	蚂蚁
Aphid	蚜
Bee	蜜蜂
Beetle	甲虫
Butterfly	蝴蝶
Cicada	蝉
Cockroach	蟑螂
Dragonfly	蜻蜓
Flea	跳蚤
Grasshopper	蚱蜢
Hornet	大黄蜂
Ladybug	瓢虫
Larva	幼虫
Mantis	螳螂
Mosquito	蚊子
Moth	蛾
Termite	白蚁
Wasp	黄蜂
Worm	蠕虫

Kitchen
厨房

Apron	围裙
Bowl	碗
Chopsticks	筷子
Cups	杯子
Food	食物
Forks	叉
Grill	烧烤
Jar	罐
Jug	壶
Kettle	水壶
Knives	刀
Napkin	餐巾
Oven	烤箱
Recipe	食谱
Refrigerator	冰箱
Spices	香料
Sponge	海绵
Spoons	勺子

Landscapes
景观

Beach	海滩
Cave	洞穴
Cliff	悬崖
Desert	沙漠
Geyser	间歇泉
Glacier	冰川
Iceberg	冰山
Island	岛
Lake	湖
Mountain	山
Oasis	绿洲
Ocean	海洋
Peninsula	半岛
River	河
Sea	海
Swamp	沼泽
Tundra	苔原
Valley	山谷
Volcano	火山
Waterfall	瀑布

Literature
文学

Analogy	类比
Analysis	分析
Anecdote	轶事
Author	作者
Biography	传记
Comparison	比较
Conclusion	结论
Description	描述
Dialogue	对话
Fiction	小说
Metaphor	隐喻
Narrator	旁白
Opinion	意见
Poem	诗
Poetic	诗意
Rhyme	韵
Rhythm	节奏
Style	风格
Theme	主题
Tragedy	悲剧

Mammals
哺乳动物

Bear	熊
Beaver	海狸
Bull	公牛
Cat	猫
Coyote	郊狼
Dog	狗
Dolphin	海豚
Elephant	大象
Fox	狐狸
Giraffe	长颈鹿
Gorilla	大猩猩
Horse	马
Kangaroo	袋鼠
Lion	狮子
Monkey	猴子
Rabbit	兔子
Sheep	羊
Whale	鲸
Wolf	狼
Zebra	斑马

Math
数学

Angles	角度
Arithmetic	算术
Circumference	周长
Decimal	十进制
Diameter	直径
Equation	方程
Exponent	指数
Fraction	分数
Geometry	几何学
Numbers	数字
Parallel	平行
Parallelogram	平行四边形
Polygon	多边形
Radius	半径
Rectangle	矩形
Square	广场
Sum	和
Symmetry	对称
Triangle	三角形
Volume	卷

Measurements
测量

Byte	字节
Centimeter	厘米
Decimal	十进制
Depth	深度
Gram	克
Height	高度
Inch	英寸
Kilogram	公斤
Kilometer	公里
Length	长度
Liter	升
Mass	质量
Meter	米
Minute	分钟
Ounce	盎司
Pint	品脱
Ton	吨
Volume	卷
Weight	重量
Width	宽度

Meditation
冥想

Acceptance	接受
Awake	醒
Breathing	呼吸
Calm	平静
Clarity	明晰
Compassion	同情
Emotions	情绪
Gratitude	感激
Habits	习惯
Happiness	幸福
Insight	洞察力
Kindness	善良
Mental	心理
Movement	运动
Music	音乐
Nature	大自然
Observation	观察
Peace	和平
Perspective	透视
Silence	沉默

Musical Instruments
乐器

Banjo	班卓琴
Bassoon	巴松管
Cello	大提琴
Clarinet	单簧管
Drum	鼓
Drumsticks	鼓槌
Flute	长笛
Gong	锣
Guitar	吉他
Harp	竖琴
Mandolin	曼陀林
Marimba	马林巴
Oboe	双簧管
Percussion	打击乐器
Piano	钢琴
Saxophone	萨克斯管
Tambourine	铃鼓
Trombone	长号
Trumpet	喇叭
Violin	小提琴

Mythology
神话

Archetype	原型
Behavior	行为
Beliefs	信仰
Creation	创造
Creature	生物
Culture	文化
Disaster	灾难
Heaven	天堂
Hero	英雄
Immortality	不朽
Jealousy	嫉妒
Labyrinth	迷宫
Legend	传说
Lightning	闪电
Monster	怪物
Mortal	凡人
Revenge	复仇
Strength	力量
Thunder	雷
Warrior	战士

Nature
大自然

Animals	动物
Arctic	北极
Beauty	美
Bees	蜜蜂
Cliffs	悬崖
Clouds	云
Desert	沙漠
Dynamic	动态
Erosion	侵蚀
Fog	雾
Foliage	树叶
Forest	森林
Glacier	冰川
Peaceful	和平
River	河
Sanctuary	避难所
Serene	宁静
Tropical	热带
Vital	重要的
Wild	荒野

Numbers
数字

Decimal	十进制
Eight	八
Eighteen	十八
Fifteen	十五
Five	五
Four	四
Fourteen	十四
Nine	九
Nineteen	十九
One	一
Seven	七
Seventeen	十七
Six	六
Sixteen	十六
Ten	十
Thirteen	十三
Three	三
Twelve	十二
Twenty	二十
Two	二

Nutrition
营养

Appetite	食欲
Balanced	平衡的
Bitter	苦
Calories	卡路里
Carbohydrates	碳水化合物
Diet	饮食
Digestion	消化
Edible	食用
Fermentation	发酵
Flavor	味道
Habits	习惯
Health	健康
Liquids	液体
Nutrient	养分
Proteins	蛋白质
Quality	质量
Sauce	酱
Toxin	毒素
Vitamin	维生素
Weight	重量

Ocean
海洋

Algae	藻类
Coral	珊瑚
Crab	螃蟹
Dolphin	海豚
Eel	鳗鱼
Fish	鱼
Jellyfish	海蜇
Octopus	章鱼
Oyster	牡蛎
Reef	礁
Salt	盐
Seaweed	海藻
Shark	鲨鱼
Shrimp	虾
Sponge	海绵
Storm	风暴
Tides	潮汐
Tuna	金枪鱼
Turtle	乌龟
Whale	鲸

Pets
宠物

Cat	猫
Collar	衣领
Cow	牛
Dog	狗
Fish	鱼
Food	食物
Goat	山羊
Hamster	仓鼠
Kitten	小猫
Leash	皮带
Lizard	蜥蜴
Mouse	鼠
Parrot	鹦鹉
Paws	爪子
Puppy	小狗
Rabbit	兔子
Tail	尾巴
Turtle	乌龟
Veterinarian	兽医
Water	水

Pirates
海盗

Adventure	冒险
Anchor	锚
Bad	坏
Beach	海滩
Captain	队长
Cave	洞穴
Coins	硬币
Compass	罗盘
Crew	船员
Danger	危险
Flag	旗
Gold	黄金
Island	岛
Legend	传说
Map	地图
Parrot	鹦鹉
Rum	朗姆酒
Scar	疤痕
Sword	剑
Treasure	宝藏

Plants
植物

Bamboo	竹子
Bean	豆
Berry	浆果
Botany	植物学
Bush	灌木
Cactus	仙人掌
Fertilizer	肥料
Flora	植物
Flower	花
Foliage	树叶
Forest	森林
Garden	花园
Grass	草
Ivy	常春藤
Moss	苔藓
Petal	花瓣
Root	根
Stem	茎
Tree	树
Vegetation	植被

Professions #1
职业 #1

Ambassador	大使
Astronomer	天文学家
Attorney	律师
Banker	银行家
Cartographer	制图师
Coach	教练
Dancer	舞蹈家
Doctor	医生
Editor	编辑
Geologist	地质学家
Hunter	猎人
Jeweler	珠宝商
Musician	音乐家
Nurse	护士
Pianist	钢琴家
Plumber	水管工
Psychologist	心理学家
Sailor	水手
Tailor	裁缝
Veterinarian	兽医

Professions #2
职业 #2

Astronaut	宇航员
Biologist	生物学家
Dentist	牙医
Detective	侦探
Engineer	工程师
Farmer	农民
Gardener	园丁
Illustrator	插画家
Inventor	发明者
Journalist	记者
Librarian	图书管理员
Linguist	语言学家
Painter	画家
Philosopher	哲学家
Photographer	摄影师
Physician	医生
Pilot	飞行员
Surgeon	外科医生
Teacher	老师
Zoologist	动物学家

Rainforest
雨林

Amphibians	两栖动物
Birds	鸟类
Botanical	植物
Climate	气候
Clouds	云
Community	社区
Diversity	多样性
Insects	昆虫
Jungle	丛林
Mammals	哺乳动物
Moss	苔藓
Nature	大自然
Preservation	保存
Refuge	避难所
Respect	尊重
Restoration	恢复
Species	物种
Survival	生存
Valuable	有价值的

Restaurant #1
餐厅 #1

Allergy	过敏
Bowl	碗
Bread	面包
Cashier	出纳员
Chicken	鸡
Coffee	咖啡
Dessert	甜点
Food	食物
Kitchen	厨房
Knife	刀
Meat	肉
Menu	菜单
Napkin	餐巾
Plate	盘子
Reservation	保留
Sauce	酱
Spicy	辣
Waitress	女服务员

Restaurant #2
餐厅 #2

Beverage	饮料
Cake	蛋糕
Chair	椅子
Delicious	美味
Dinner	晚餐
Eggs	蛋
Fish	鱼
Fork	叉子
Fruit	水果
Ice	冰
Lunch	午餐
Noodles	面条
Salad	沙拉
Salt	盐
Soup	汤
Spices	香料
Spoon	勺子
Vegetables	蔬菜
Waiter	服务员
Water	水

School #1
学校 #1

Alphabet	字母
Answers	答案
Books	书籍
Chair	椅子
Classroom	课堂
Exams	考试
Folders	文件夹
Friends	朋友
Fun	乐趣
Library	图书馆
Lunch	午餐
Markers	标记
Math	数学
Numbers	数字
Paper	纸
Pencil	铅笔
Pens	笔
Quiz	测验
Teacher	老师

School #2
学校 #2

Activities	活动
Backpack	背包
Books	书籍
Bus	总线
Calendar	日历
Computer	电脑
Dictionary	字典
Education	教育
Eraser	橡皮
Friends	朋友
Games	游戏
Grammar	语法
Library	图书馆
Literature	文献
Paper	纸
Pencil	铅笔
Science	科学
Scissors	剪刀
Teacher	老师
Weekends	周末

Science
科学

Atom	原子
Chemical	化学的
Climate	气候
Data	数据
Evolution	进化
Experiment	实验
Fact	事实
Fossil	化石
Gravity	重力
Hypothesis	假设
Laboratory	实验室
Method	方法
Minerals	矿物
Molecules	分子
Nature	大自然
Organism	生物
Particles	粒子
Physics	物理
Plants	植物
Scientist	科学家

Science Fiction
科幻小说

Atomic	原子
Books	书籍
Chemicals	化学品
Cinema	电影
Clones	克隆
Dystopia	反乌托邦
Explosion	爆炸
Extreme	极端
Fire	火
Futuristic	未来派
Galaxy	星系
Illusion	错觉
Imaginary	虚构的
Mysterious	神秘
Oracle	甲骨文
Planet	行星
Robots	机器人
Technology	技术
Utopia	乌托邦
World	世界

Scientific Disciplines
科学学科

Anatomy	解剖学
Archaeology	考古学
Astronomy	天文学
Biochemistry	生物化学
Biology	生物学
Botany	植物学
Chemistry	化学
Ecology	生态学
Geology	地质学
Immunology	免疫学
Kinesiology	运动学
Linguistics	语言学
Mechanics	力学
Mineralogy	矿物学
Neurology	神经学
Physiology	生理学
Psychology	心理学
Sociology	社会学
Thermodynamics	热力学
Zoology	动物学

Shapes
形状

Arc	弧
Circle	圈
Cone	锥体
Corner	角落
Cube	立方体
Curve	曲线
Cylinder	圆筒
Edges	边缘
Ellipse	椭圆
Hyperbola	双曲线
Line	线
Oval	椭圆形
Polygon	多边形
Prism	棱镜
Pyramid	金字塔
Rectangle	矩形
Side	边
Square	广场
Triangle	三角形

Spices
香料

Bitter	苦
Cardamom	豆蔻
Cinnamon	肉桂
Clove	丁香
Coriander	香菜
Cumin	孜然
Curry	咖喱
Fennel	茴香
Fenugreek	胡芦巴
Flavor	味道
Garlic	大蒜
Ginger	姜
Licorice	甘草
Nutmeg	肉豆蔻
Onion	洋葱
Paprika	辣椒粉
Saffron	藏红花
Salt	盐
Sweet	甜蜜的
Vanilla	香草

Sports
体育

Athlete	运动员
Baseball	棒球
Basketball	篮球
Bicycle	自行车
Championship	冠军
Coach	教练
Game	游戏
Golf	高尔夫球
Gymnasium	体育馆
Gymnastics	体操
Hockey	曲棍球
Movement	运动
Player	播放器
Referee	裁判
Stadium	体育场
Team	团队
Tennis	网球
Winner	优胜者

Summer
夏天

Beach	海滩
Books	书籍
Camping	露营
Diving	潜水
Family	家庭
Food	食物
Friends	朋友
Games	游戏
Garden	花园
Home	家
Joy	喜悦
Leisure	暇
Memories	回忆
Music	音乐
Relaxation	放松
Sandals	凉鞋
Sea	海
Stars	星星
Travel	旅行
Vacation	假期

Surfing
冲浪

Athlete	运动员
Beach	海滩
Beginner	初学者
Champion	冠军
Crowds	人群
Extreme	极端
Foam	泡沫
Fun	乐趣
Ocean	海洋
Paddle	桨
Popular	流行的
Reef	礁
Speed	速度
Stomach	胃
Strength	力量
Style	风格
Wave	波
Weather	天气

Technology
技术

Blog	博客
Browser	浏览器
Bytes	字节
Camera	照相机
Computer	电脑
Cursor	光标
Data	数据
Digital	数字
File	文件
Font	字体
Internet	互联网
Message	信息
Research	研究
Screen	屏幕
Security	安全
Software	软件
Statistics	统计数据
Virtual	虚拟
Virus	病毒

Time
時間

Annual	每年
Before	以前
Calendar	日历
Century	世纪
Clock	时钟
Day	日
Decade	十年
Early	早
Future	未来
Hour	小时
Minute	分钟
Month	月
Morning	早晨
Night	晚上
Noon	中午
Now	现在
Soon	很快
Today	今天
Week	周
Year	年

To Fill
要填写

Bag	包
Barrel	桶
Basin	盆地
Basket	篮子
Bottle	瓶子
Box	盒子
Carton	纸箱
Drawer	抽屉
Envelope	信封
Folder	文件夹
Jar	罐
Pocket	口袋
Suitcase	手提箱
Tray	托盘
Tub	浴缸
Tube	管
Vase	花瓶

Tools
工具

Axe	轴
Cable	电缆
Glue	胶水
Hammer	锤子
Knife	刀
Ladder	梯子
Mallet	槌
Pliers	钳子
Razor	剃刀
Rope	绳子
Ruler	统治者
Scissors	剪刀
Screw	螺丝
Shovel	铲
Stapler	订书机
Torch	火炬
Wheel	车轮

Town
小镇

Airport	机场
Bakery	面包店
Bank	银行
Bookstore	书店
Cinema	电影
Clinic	诊所
Florist	花店
Gallery	画廊
Hotel	酒店
Library	图书馆
Market	市场
Museum	博物馆
Pharmacy	药店
School	学校
Stadium	体育场
Store	商店
Supermarket	超级市场
Theater	剧院
University	大学
Zoo	动物园

Toys
玩具

Airplane	飞机
Ball	球
Bicycle	自行车
Boat	船
Books	书籍
Car	汽车
Chess	棋
Clay	黏土
Crafts	工艺品
Crayons	蜡笔
Doll	娃娃
Drums	鼓
Favorite	最喜欢的
Games	游戏
Imagination	想象力
Kite	风筝
Paints	油漆
Robot	机器人
Train	火车
Truck	卡车

Vacation #2
假期 #2

Airport	机场
Beach	海滩
Camping	露营
Destination	目的地
Foreign	外国
Foreigner	外国人
Holiday	假期
Hotel	酒店
Island	岛
Journey	旅程
Leisure	暇
Map	地图
Passport	护照
Restaurant	餐厅
Sea	海
Taxi	出租车
Tent	帐篷
Train	火车
Transportation	运输
Visa	签证

Vegetables
蔬菜

Artichoke	朝鲜蓟
Broccoli	西兰花
Carrot	胡萝卜
Cauliflower	花椰菜
Celery	芹菜
Cucumber	黄瓜
Eggplant	茄子
Garlic	大蒜
Ginger	姜
Mushroom	蘑菇
Onion	洋葱
Parsley	香菜
Pea	豌豆
Pumpkin	南瓜
Radish	萝卜
Salad	沙拉
Shallot	葱
Spinach	菠菜
Tomato	番茄
Turnip	芜菁

Vehicles
车辆

Airplane	飞机
Ambulance	救护车
Bicycle	自行车
Boat	船
Bus	总线
Car	汽车
Caravan	大篷车
Engine	引擎
Ferry	渡轮
Helicopter	直升机
Motor	马达
Raft	筏
Rocket	火箭
Scooter	滑板车
Submarine	潜艇
Subway	地铁
Taxi	出租车
Tires	轮胎
Tractor	拖拉机
Truck	卡车

Visual Arts
视觉艺术

Architecture	建筑
Artist	艺术家
Chalk	粉笔
Charcoal	木炭
Clay	粘土
Creativity	创造力
Easel	画架
Film	电影
Masterpiece	杰作
Painting	绘画
Pen	笔
Pencil	铅笔
Perspective	看法
Photograph	照片
Portrait	肖像
Pottery	陶器
Sculpture	雕塑
Stencil	模具
Wax	蜡

Water
水

Canal	运河
Damp	潮湿
Evaporation	蒸发
Flood	洪水
Frost	霜
Geyser	间歇泉
Humidity	湿度
Hurricane	飓风
Ice	冰
Irrigation	灌溉
Lake	湖
Moisture	水分
Monsoon	季风
Ocean	海洋
Rain	雨
River	河
Shower	淋浴
Snow	雪
Steam	蒸汽
Waves	波浪

Weather
天气

Atmosphere	大气
Breeze	微风
Climate	气候
Cloud	云
Drought	干旱
Dry	干燥
Fog	雾
Hurricane	飓风
Ice	冰
Lightning	闪电
Monsoon	季风
Polar	极地
Rainbow	彩虹
Sky	天空
Storm	风暴
Temperature	温度
Thunder	雷声
Tornado	龙卷风
Tropical	热带
Wind	风

Congratulations

You made it!

We hope you enjoyed this book as much as we enjoyed making it. We do our best to make high quality games.
These puzzles are designed in a clever way for you to learn actively while having fun!

Did you love them?

A Simple Request

Our books exist thanks your reviews. Could you help us by leaving one now?

Here is a short link which will take you to your order review page:

BestBooksActivity.com/Review50

MONSTER CHALLENGE!

Challenge #1

Ready for Your Bonus Game? We use them all the time but they are not so easy to find. Here are **Synonyms**!

Note 5 words you discovered in each of the Puzzles noted below (#21, #36, #76) and try to find 2 synonyms for each word.

Note 5 Words from *Puzzle 21*

Words	Synonym 1	Synonym 2

Note 5 Words from *Puzzle 36*

Words	Synonym 1	Synonym 2

Note 5 Words from *Puzzle 76*

Words	Synonym 1	Synonym 2

Challenge #2

Now that you are warmed-up, note 5 words you discovered in each Puzzle noted below (#9, #17, #25) and try to find 2 antonyms for each word. How many lines can you do in 20 minutes?

Note 5 Words from **Puzzle 9**

Words	Antonym 1	Antonym 2

Note 5 Words from **Puzzle 17**

Words	Antonym 1	Antonym 2

Note 5 Words from **Puzzle 25**

Words	Antonym 1	Antonym 2

Challenge #3

Wonderful, this monster challenge is nothing to you!

Ready for the last one? Choose your 10 favorite words discovered in any of the Puzzles and note them below.

1.	6.
2.	7.
3.	8.
4.	9.
5.	10.

Now, using these words and within a maximum of six sentences, your challenge is to compose a text about a person, animal or place that you love!

Tip: You can use the last blank page of this book as a draft!

Your Writing:

Explore a Unique Store Set Up **FOR YOU!**

BestActivityBooks.com/TheStore

Designed for Entertainment!

Light Up Your Brain With Unique **Gift Ideas**.

Access **Surprising** And **Essential Supplies!**

CHECK OUT OUR MONTHLY SELECTION NOW!

- **Expertly Crafted Products** -

NOTEBOOK:

SEE YOU SOON!

Linguas Classics Team

www.ingramcontent.com/pod-product-compliance
Lightning Source LLC
LaVergne TN
LVHW060315080526
838202LV00053B/4339